LA BIBLIOTHÈQUE

DU

PALAIS DES ARTS

LA BIBLIOTHÈQUE

DU

PALAIS DES ARTS DE LYON

RAPPORT DU COMITÉ D'INSPECTION

A M. le Ministre de l'Instruction publique, des Cultes

et des Beaux-Arts

PAR

L. CHARVET

Architecte, Professeur à l'Ecole des Beaux-Arts,
Président de la Société littéraire, historique et archéologique de Lyon,
Secrétaire du Comité.

LYON

IMPRIMERIE MOUGIN-RUSAND

3, Rue Stella, 3

1878

LA BIBLIOTHÈQUE

DU

PALAIS DES ARTS DE LYON

I

Origine et accroissement de la Bibliothèque.

La création de la Bibliothèque du Palais des Beaux-Arts (1) ne remonte qu'à l'année 1806 ; toutefois, elle fut la conséquence d'une institution un peu plus ancienne, œuvre des représentants du peuple Reverchon, Laporte, Dupuy et Poullain de Grandprey, lorsque ceux-ci furent appelés, en 1795, à réorganiser dans notre ville le commerce, les sciences, les lettres et les arts, si fortement compromis par les évènements qui marquèrent la fin du XVIIIe siècle.

En effet, c'est surtout à Dupuy et à Poullain de Grandprey qu'il faut attribuer l'honneur d'avoir su instituer ce Comité spécial qui, sous le titre de CONSERVATOIRE DES ARTS, a rendu, pendant de longues années, de si éminents services, malheureusement trop oubliés aujourd'hui (2).

Dupuy avait ordonné, par un arrêté du 20 prairial an III (8 juin 1795), que l'administration départementale ferait faire l'inventaire des objets d'art et de sciences, et des bibliothèques des communautés supprimées, et les rassemblerait

---

(1) Trois mémoires ont été déjà publiés sur la bibliothèque du Palais des Arts : 1° *Catalogue des Bibliothèques du Palais des Arts. Rapport au Maire de Lyon*, par J.-B. Monfalcon, 1844, in-folio de LVIII pages ; 2° *Notice sur la Bibliothèque du Palais des Arts de Lyon*, par le docteur Charles Fraisse, 1851, in-8° de 19 pages ; 3° *Les Bibliothèques anciennes et modernes de Lyon*, par L. Niepce. Lyon, 1876, pages 157-177 et 431-441.

(2) Voir le rapport sur la Bibliothèque du Lycée, pages 24-25.

dans l'intérêt de l'Ecole centrale ; peu de jours après, le 25 prairial (13 juin 1795), il organisait le *conservatoire*, qui avait pour mission de veiller à la conservation de tous les monuments de science et d'art, de recouvrer ceux qui auraient été dilapidés, de constater l'état de ceux qui auraient été endommagés, de se faire rendre compte de tous les dépôts de ces objets qui existaient, enfin d'en dresser un tableau, pour faire part de toutes ses opérations au Comité de l'Instruction publique. Il nomma membres de cette commission : Delandine, Chinard, Horace Coignet, Cochet et Riverieux de Varax.

Delandine déclina la mission qui lui avait été confiée, sans doute à cause des difficultés devant lesquelles le Conservatoire ne tarda pas à se heurter. Mais ses collègues se bornèrent à transmettre sa détermination aux membres de l'administration du département du Rhône, Paul Cayre, Brident et Papet, lesquels décidèrent, dans la séance du 3e jour complémentaire an III (19 septembre 1795), que l'administration du district serait invitée à désigner un commissaire pour le remplacer, et qu'il procèderait immédiatement, de concert avec les membres du Conservatoire, à mettre les scellés dans les dépôts pour éviter de nouvelles dilapidations, et pour prendre toutes les mesures nécessaires à remplir les intentions du représentant du peuple Dupuy (1).

Le 23 brumaire an IV (14 novembre 1795), Poullain de Grandprey, qui avait remplacé Dupuy, prit un arrêté par lequel il forma, *sur l'avis du Conservatoire*, la Bibliothèque du Collége, et réserva le claustral des dames de Saint-Pierre à divers établissements d'utilité publique, au nombre desquels étaient l'école de dessin, la galerie de tableaux, les cours de commerce, d'arts et métiers, de teinture, enfin le dépôt des modèles et machines inventées pour le perfectionnement des manufactures. Par l'article XXVIII, le Conservatoire des arts était invité à « continuer ses soins désintéressés pour la recherche et la conservation des monu- « ments des arts et des sciences, et à communiquer ses vues soit à l'administra- « tion du département, qui était chargée de les seconder, soit au Corps législatif. »

L'Ecole centrale, qui devait répandre, suivant les intentions du gouvernement, tous les genres d'enseignements, fut organisée en 1796 au Collége et au Palais Saint-Pierre (1) ; l'article 18 de son réglement règle le service de la bibliothèque publique qui lui est annexée. Il s'agissait ici de celle organisée en 1795 dans l'ancienne bibliothèque du collége de la Trinité. On sait que les écoles centrales furent supprimées ensuite de la réorganisation de l'enseignement en France par la loi du 11 floréal an X (1er mai 1802).

Par une décision du conseil municipal du 18 pluviôse an XI (7 février 1803), la Bibliothèque de l'École centrale, qui était rentrée entre les mains de la commune, fut placée sous la direction de Delandine. Il résulte du rapport qui fut présenté alors par le Maire de l'Ouest, que cet établissement n'avait reçu aucune

---

(1) Archives du département du Rhône ; arrêtés de l'administration départementale.

(2) Id. ib. arrêté de l'administration départementale du Rhône du 2e complémentaire an IV (18 septembre 1796).

organisation sérieuse pendant la période où il fut confié au bibliothécaire de l'École centrale, Tabard. Les promesses très-précises qu'il avait faites à cet égard dans un discours prononcé lors de l'ouverture de cette école le 3ᵉ jour complémentaire de l'an IV, (19 septembre 1796), étaient donc restées sans résultat (1). On comprendra ainsi qu'aucun triage n'ayant pu être opéré, il fût impossible, de longtemps, de doter la Bibliothèque du Palais-des-Arts, des ouvrages dont elle avait un si pressant besoin.

En ce qui concerne l'enseignement des Beaux-Arts, il est indispensable d'expliquer ici que l'École centrale de Lyon avait conservé une classe de dessin sous la direction du peintre Cogell, lequel, déjà professeur depuis 1776, dans l'ancienne École royale de dessin, était resté sur la brèche, même pendant les plus mauvais jours, et prodiguait ses soins à de nombreux élèves. Il avait pu réorganiser l'enseignement du dessin, dès le mois de juillet 1795, dans l'aile nord des bâtiments du Collége.

Une École de fabrication des étoffes de soie fut établie au Palais-des-Arts, le 5 novembre 1802; des tableaux, donnés par le gouvernement dans le but de servir à l'enseignement des Beaux-Arts, étaient arrivés; nous avons donc lieu d'admettre que c'est à cette époque qu'il faut fixer la pensée précise de l'organisation, pour le service de ces écoles, de la Bibliothèque d'art, dont nous ne tarderons pas à constater plus loin la création.

Le conseil municipal de Lyon, d'une part, et le Conservatoire des Arts, de l'autre, avaient mis à l'étude la réorganisation définitive de l'École de dessin qui devait être une des quatre Écoles spéciales de ce genre instituées par la loi du 11 floréal an x; les cours de Cogell se poursuivirent malgré la suppression de l'École centrale.

En 1806 (le 3 octobre), le maire de Lyon reconstitua sur de nouvelles bases le *Conservatoire des Arts*, et conserva dans ses attributions la surveillance de tous les établissements publics du Palais-des-Arts; de nombreux objets d'art, des livres et des estampes furent confiés à ses soins. On sait que ce comité qui avait rendu tant de services, fut supprimé par le comte de Bondy, préfet du Rhône, le 16 octobre 1812, en même temps que le conseil d'administration du Jardin Botanique et la commission administrative de la Bibliothèque publique au Collége (instituée le 18 pluviôse an xi, 7 février 1803). Artaud (2) resta seul maître comme directeur du Conservatoire.

C'est donc en 1806 que le Conservatoire commença effectivement à diriger ses soins sur la formation de la Bibliothèque, et, par conséquent, ses achats; ils furent continués, par lui chaque année, jusqu'en 1812; Artaud fut chargé de ce service depuis 1812 jusqu'en 1830, époque où il cessa ses fonctions de directeur du Conservatoire et de l'École royale des Beaux-Arts.

---

(1) Voir le rapport sur la bibliothèque du Lycée, page 26.

(2) *Antoine-François-Marie Artaud*, directeur du Musée de Lyon et de l'École des Beaux-Arts, né à Avignon (Millery? Archives du département du Rhône, BB 446) le 8 avril 1767, est mort à Orange le 27 mars 1838.

Les achats opérés depuis 1806 jusqu'en 1818 ne furent pas très-nombreux ; ils portèrent heureusement sur d'excellents ouvrages, dont le catalogue nous a été conservé dans l'*Inventaire de tous les objets d'art, livres et monuments* que renfermait le Conservatoire en 1818 et en 1823, dressé par Artaud (1)

On y compte 150 volumes, la plupart in-folios formant 74 ouvrages.

Quelques livres furent choisis parmi d'anciennes éditions; le plus grand nombre appartenait aux grandes publications qui commençaient à être entreprises à cette époque.

Mais on ne tarda pas à s'apercevoir que la Bibliothèque naissante pourrait difficilement se constituer par la voie des acquisitions.

Par une délibération du 13 février 1810, le Conservatoire des Arts, observant qu'il ne pouvait être que très-utile de centraliser au palais St-Pierre les moyens d'instruction relatifs aux arts et à l'étude de l'antiquité, demanda que les livres, recueils d'estampes, monuments antiques et médailles relatifs à ces études, existant à la Bibliothèque du Collége, fussent transférés au Conservatoire.

Différentes conférences eurent lieu à la Mairie entre l'administration du Conservatoire et celle de la Bibliothèque. Il fut reconnu, unanimement, que le dépôt au Conservatoire de ces objets serait infiniment avantageux au progrès des arts, en ce sens qu'*il fournirait aux jeunes élèves de l'école impériale de dessin des modèles d'instruction qu'ils ne pouvaient aller consulter sans un déplacement continuel* qui nuisait trop aux exercices journaliers, et qui avait en outre l'inconvénient de les soustraire à la surveillance du règlement.

Il fut donc convenu entre les deux administrations que les monuments d'antiquité, bustes de bronze ou de terre, idoles, vases, lampes, urnes, médailles, pierres antiques et livres renfermant des gravures dont les doubles existaient à la Bibliothèque du Collége, seraient transférés au palais St-Pierre.

Une délibération du Conseil municipal, du 7 juillet 1810, approuva cette mesure.

On sait qu'il fut livré 8,582 médailles en bronze, 1,630 en argent et une en or : c'était ce qui restait du riche cabinet du Collége de la Trinité (2). Ces médailles ont passé depuis dans le musée archéologique installé au Palais des Arts.

D'après l'inventaire du Conservatoire dont nous avons parlé plus haut, le nombre des volumes cédés s'éleva au chiffre de 1,300, constituant 650 ouvrages.

Les deux règlements faits pour les établissements du Palais des Arts, des 2 septembre 1813 et 7 novembre 1818, prévoient le service de cette Bibliothèque dans un titre spécial. Voici les dispositions qui avaient été prises dans le règlement de 1818, le seul qui ait été approuvé régulièrement par le Préfet, et qui du reste, reproduit à peu près celui de 1813.

----

(1) Archives de la ville de Lyon. Série moderne non inventoriée

(2) Voir dans le rapport sur la Bibliothèque du Lycée la provenance de ces médailles au nombre de 10,212 ; il y en avait 10,411 dans une mise en charge du 30 décembre 1734; pages 15, 16, 18 et 19.

« Titre XI. — Art. LXXXIII.

« *De la Bibliothèque.*

« La Bibliothèque du Palais est principalement destinée à l'usage du direc-
« teur, des professeurs et des élèves titulaires de l'école de dessin.

« Art. LXXXIV.

« Le directeur détermine les heures où les élèves pourront entrer à la Biblio-
« thèque, et leur fait remettre les livres qu'ils désirent lire ou consulter.

« Art. LXXXV.

« Les artistes étrangers à l'école, et domiciliés à Lyon, peuvent être admis
« par le directeur à consulter les ouvrages d'art qui ne se trouvent pas dans la
« Bibliothèque publique de la Ville, à la charge par le directeur de prendre les
« précautions nécessaires pour prévenir ou empêcher tout enlèvement ou dilapi-
« dation quelconque. »

Réorganisée en 1800 (1) sous le nom d'Athénée, l'Académie des sciences, belles lettres et arts, était venue s'installer au Palais des Arts, avec les quelques livres qu'elle avait pu réunir depuis sa dispersion. Elle ne tarda pas à revendiquer ceux que les événements lui avaient fait perdre et qui avaient été placés avec tant d'autres à la Bibliothèque du Collége ; la plus grande partie provenait de la collection Adamoli, que ce personnage lui avait léguée le 23 octobre 1763. Mais il se présentait une difficulté : Adamoli avait voulu que sa bibliothèque fut ouverte au public, et même, prévoyant les malheureuses circonstances qui pourraient déplacer son don, il le confiait à la sauvegarde de l'autorité municipale *qui existerait alors* (2). Aussi l'administration éleva des objections, et les années s'écoulèrent.

Enfin, sous l'administration de M. Rambaud, maire, l'Académie, qui avait été autorisée en 1814 à reprendre le titre d'*Académie royale*, obtint, par une délibération du Conseil municipal du 9 septembre 18.5 (3), le retour des livres, manuscrits et objets d'art qui lui appartenaient.

---

(1) Une loi du 16 octobre 1791, en suite d'un décret de l'Assemblée nationale, du 26 septembre 1791, avait décidé que la Bibliothèque de l'Académie resterait ouverte au public dans son local, à l'Hôtel-de-Ville, jusqu'à l'organisation définitive de l'éducation nationale.

(2) « Je veux de plus que ma dite bibliothèque, à luy léguée et donnée, soit
« ouverte au public *au moins* une fois par semaine en deux temps, le matin et
« l'après-midi, trois heures chacun en hiver et quatre heures en été, dans chacun
« temps, qu'il y ait sur un pupitre un grand catalogue des livres qu'elle renferme,
« terminé par une table des auteurs pour la facilité du public, plus du papier et
« des écritoires garnies sur des tables, de façon qu' tout s'observe avec un tel
« ordre qu'aucun livre ne s'égare. » (Testament d'Adamoli, 23 octobre 1763 ; archives du département du Rhône, D 449.)

(3) Voyez plus loin le rapport spécial sur la Bibliothèque de l'Académie des sciences, belles-lettres et arts.

La Bibliothèque fut installée tant bien que mal et s'ouvrit *une fois par semaine* pour respecter le vœu d'Adamoli ; le 1ᵉʳ août 1828, un arrêté du maire décida qu'elle serait *publique* et s'ouvrirait *deux fois* !

8,200 volumes, et quelques beaux manuscrits furent ainsi enlevés à la Bibliothèque du Collége pour être entassés, pêle-mêle, dans les salles adjacentes au salon de l'Académie, sans avantage pour le public, qu'aucun catalogue ne pouvait guider dans ses recherches, et que du reste on eût été fort embarrassé à satisfaire, ne sachant où trouver les livres qu'il pouvait demander.

On n'avait donc opéré qu'à moitié en transportant ces livres au Palais des Arts, et il était réservé à M. Prunelle, maire de Lyon depuis 1830, de faire sortir quelque chose de cette décision.

Avec le coup d'œil d'organisateur habile qui le distinguait si éminemment, le nouvel administrateur comprit que tous les éléments étaient sous sa main, et qu'il lui suffisait de les rassembler pour doter la ville d'un établissement dont la spécialité répondrait à des besoins nouveaux, *surtout dans l'ordre des sciences et des beaux-arts.*

Pour apprécier dans sa juste mesure la portée de l'entreprise de M. Prunelle, il faut avoir l'expérience de la tournure particulière de l'esprit public à Lyon, qui paralyse souvent les améliorations les plus urgentes.

La pensée du nouveau maire était marquée au sceau du jugement le plus sûr et d'une connaissance exacte de ce qui pouvait être à la fois utile et pratique. Heureusement il arriva à un moment où les idées, remuées violemment par la Révolution de 1830, n'étaient pas portées à lui créer une opposition quelconque. Aussi, lorsqu'il adressa à l'Académie, à la Société d'agriculture et à la Société de médecine, l'excellente lettre qu'on va lire, il pouvait être sûr d'une réponse affirmative. On y remarquera la sûreté de vues de l'administrateur, et aussi, certainement, que sa pensée n'a pas été absolument suivie dans l'exécution ultérieure. La section des beaux-arts a été singulièrement absorbée par celle des sciences ; le fonds du *musée* a cessé d'être distingué parmi les autres ; trois sociétés qui avaient demandé à entrer dans la combinaison se sont retirées plus tard ; la Bibliothèque des sociétés savantes n'a pas été formée.

« On sent depuis longtemps à Lyon », écrivait le 9 décembre 1830 M. Prunelle, comme maire de Lyon, à l'Académie, à la Société de médecine et à celle d'agriculture, « le besoin d'une bibliothèque publique dans laquelle les personnes qui « s'occupent de la culture des sciences et des lettres puissent faire commodément « leurs recherches, et de laquelle ils puissent extraire, contre leurs récépissés, « les ouvrages nécessaires pour leurs travaux tout autant cependant que ces « ouvrages ne seraient pas de nature à pouvoir être déplacés sans dommage.

« A Paris, la Bibliothèque de l'Institut présente tous ces avantages ; les mem« bres de cette compagnie savante y travaillent, y empruntent des livres et y font « admettre des étrangers qui jouissent des mêmes prérogatives que MM. les « académiciens.

« J'ai pensé depuis longtemps qu'un établissement analogue pouvait être « formé dans le Palais St-Pierre en réunissant la bibliothèque du *Musée*, de l'Aca« démie, de la Société d'agriculture et de la Société de médecine, de manière à

« ce que chacun de ces établissements ne perde jamais sa propriété. Cette der-
« nière condition serait facile à obtenir au moyen d'une estampille particulière à
« chaque propriétaire, et d'un inventaire de tous les livres composant sa pro-
« priété, inventaire qui pourrait, d'ailleurs, être transformé en véritable chargé
« par le conservateur de la Bibliothèque commune.

« Pour qu'un établissement semblable présente les avantages désirés, il fau-
« drait que chacun concourut, suivant ses ressources, à former annuellement un
« fonds pour acheter les livres afférents à la nature de ses travaux, et de même
« *à ne jamais faire de doubles emplois.*

« Ainsi la Mairie compléterait pour le *Musée des arts* les collections pittores-
« ques (1), l'Académie les collections académiques, les livres de science et de
« haute littérature. La Société d'agriculture, qui possède déjà en ce genre un
« fonds assez complet, y joindrait aussi les livres d'histoire naturelle et de tech-
« nologie ; la Société de médecine ajouterait aux ouvrages sur cette science les
« livres de physique et de chimie ; sa Bibliothèque n'est que commençante, mais
« au moyen de dons particuliers, elle serait bien vite une des plus nombreuses.

« La classification la plus commode de tous ces livres serait la classification
« par ordre de matières, mais comme il existerait quatre propriétaires différents,
« chaque propriété pourrait demeurer séparée, et les livres n'être confondus
« que dans le catalogue alphabétique pour en faciliter la recherche.

« Je ferais réunir à cette Bibliothèque tous les livres doubles de nos dépôts
« qui pourraient y entrer. C'est surtout dans un établissement de ce genre que
« pourraient être reçus tous les journaux littéraires et scientifiques publiés en
« Europe, mais jamais de journaux politiques. Si les Sociétés ou la Mairie ne pou-
« vaient en faire les frais, ceux-ci seraient aisément couverts par une légère sous-
« cription faite par toutes les personnes qui fréquenteraient l'établissement.

« Vous savez que nous n'avons jamais pu parvenir à faire un établissement de
« ce genre à Lyon.

« Les professeurs de l'École des Beaux-Arts, les membres des sociétés savantes
« et les personnes présentées par elles seraient admises dans cette Bibliothèque
« tous les jours, de 9 heures du matin à 3 heures après-midi. Deux fois la semaine
« seulement elle serait ouverte, aux mêmes heures, pour le reste du
« public.

« Le traitement du bibliothécaire, les frais de garde, de chauffage, d'éclairage
« et autres menues dépenses, seraient acquittées par la Mairie sur le budget par-
« ticulier du Musée.

« Le bibliothécaire serait nommé par le Maire sur une présentation de quatre
« candidats.

« Je vous prie de vouloir bien me faire connaître dans le plus bref délai vos
« intentions sur la proposition que j'ai l'honneur de vous faire (2).

---

(1) On nommait ainsi les livres d'art à cette époque.
(2) 9 décembre 1830. Registre 38 des copies de Lettres. Archives municipales,
série D.

L'Académie, saisie ainsi de la question, prit la délibération suivante, qu'il nous importe de conserver en la reproduisant ici :

Séance du 11 Janvier 1831 :

« Présents : MM. Rieussec, président ; Chapuys-Montlaville, Grandperret,
« Achard, Benoît, Véricel, Trélis, Bredin, Gilibert, Tabareau, Desgaultières,
« Dupasquier, Legendre-Héral, Cochard, Péricaud, Richard, Grognier, Delaprade,
« Parat, Bugnard, Servan de Sugny, Bréghot, Rey et Dumas, secrétaire
« perpétuel.

« Sur le rapport fait par le secrétaire au nom d'une commission, l'Académie
« arrête que l'adhésion qu'elle a donnée au projet conçu par M. le Maire de Lyon
« pour la réunion de différentes bibliothèques dont celle de l'Académie fait partie,
« a lieu aux conditions suivantes :

« 1º La propriété de la Bibliothèque est exclusivement réservée à l'Académie ;

« 2º Toutes les conditions du testament Adamoli continueront à être stricte-
« ment remplies ;

« 3º Le bibliothécaire, le secrétaire perpétuel et tous les autres officiers de
« l'Académie seront chargés de l'arrangement direct et de la surveillance immé-
« diate de la bibliothèque académique ;

« 4º La Bibliothèque Adamoli, à laquelle sont joints d'autres livres de l'Aca-
« démie, restera dans l'emplacement qu'elle occupe ; l'inscription actuelle
« demeurera au-dessus de la porte d'entrée, et le portrait d'Adamoli dans l'inté-
« rieur de la salle (1) ;

« 5º Les autres livres de l'Académie, dont le nombre s'accroît considérable-
« ment chaque jour, seront placés dans des salles et des armoires distinctes et
« séparées, de manière à ce que la propriété en soit toujours une, indivisible,
« constante et assurée ;

« 6º Les livres qui sont en ce moment classés par double rang sur le même
« rayon, seront placés par simple rang pour la facilité du service ; de nouvelles
« armoires seront établies à cet effet ;

« 7º Le catalogue de la Bibliothèque de l'Académie sera toujours entre les
« mains de son bibliothécaire ou des membres de son bureau, sauf à en laisser
« prendre copie, s'il n'est pas livré à l'impression ;

« 8º L'Académie ne peut entrer dans aucun des frais que nécessiteront les

---

(1) « Je veux, et mon intention est telle, en priant Messieurs de la dite Académie
« à souffrir que mon portrait peint à l'huile, en grandeur naturelle assis, semblable
« à celui que je laisse à mon héritier, soit placé, en vue, dans ma bibliothèque.
« Mon héritier prêtera, à cet effet, le portrait original pour en tirer copie, laquelle
« sera peinte par M. Nonote, et en cas de mort, à son défaut, par les mains du plus
« habile maitre qui se trouvera à Lyon. Il sera mis dans un cadre doré uni, sem-
« blable à l'original. Les frais du tout seront payés par mes héritiers, sous les yeux
« et par les soins de ladite Académie. » (Testament d'Adamoli, 23 octobre 1763;
archives du département du Rhône, D 449).

« arrangements nouveaux, attendu la modicité de ses ressources pécuniaires et
« l'emploi qu'elle fait de ses économies en achats de livres ;

« 9° Les livres seront prêtés aux conditions insérées dans le règlement de la
« Bibliothèque de la Ville ;

« 10° La réunion de tous les conservateurs des bibliothèques particulières
« auxquels sera adjoint le bibliothécaire de la ville, formera le conseil adminis-
« tratif de la Bibliothèque générale.

Peu de jours après (le 18), l'Académie désignait comme candidat M. Pichard,
docteur en médecine (1), pour la place de conservateur, après avoir fait remarquer
que « aucun parent d'Adamoli ne paraissait propre à la place dont il s'agit (2). »

Non-seulement les sociétés d'agriculture et de médecine accédèrent avec un
vif empressement aux propositions de M. Prunelle, mais encore les sociétés
linéenne et de pharmacie demandèrent (janvier 1831), à profiter des mêmes
avantages.

En conséquence, le 12 février 1831, M. Prunelle prit deux arrêtés, l'un éta-
blissant la bibliothèque du Palais-des-Arts, et l'autre nommant M. Pichard
bibliothécaire.

Le 21 du même mois, il écrivit à ce dernier pour l'avertir ; il le priait de lui
faire connaître les mesures qu'il croirait convenables pour faire jouir le public
dans le plus bref délai de l'établissement auquel il était attaché.

Avis fut donné à l'Académie et aux sociétés de médecine et d'agriculture de ces
décisions :

« Dans ces deux arrêtés, disait-il, « j'ai cherché à me conformer autant que
« possible aux intentions que les sociétaires fondateurs de la Bibliothèque nou-
« velle ont bien voulu me faire connaître. Je compte désormais sur votre amour
« éclairé des sciences et des lettres pour l'exécution de ces arrêtés qui doivent
« accorder au public une part des trésors que vous avez si laborieusement
« amassés. M. Pichard, conservateur de la Bibliothèque du Palais-des-Arts,
« voudra bien s'entendre avec vos bibliothécaires pour atteindre, le plus prompte-
« ment possible, le but que nous nous proposons. »

L'arrêté organisant la Bibliothèque est conçu comme il suit :

« Nous, Maire de la Ville de Lyon,

« Considérant l'utilité d'une seconde Bibliothèque publique à Lyon, dans
« laquelle les personnes adonnées à la culture des sciences, des lettres et des
« arts pourront faire commodément leurs recherches ;

---

(1) *Jean-Marie Pichard*, né à Lyon le 22 avril 1781, mort à Oullins le 29 août 1836.
(2) « J'ajouteray icy une prière à Messieurs de l'Académie, lorsqu'ils nommeront
« aux places de bibliothécaire et de sous-bibliothécaire, d'avoir égard à ceux de
« ma famille mes plus proches parents, qui seront néanmoins assez bons connois-
« seurs de livres de choix, et capables de remplir dignement ces deux places, ou
« seulement une des deux. » (Testament Adamoli. 23 octobre 1763 : archives du
« département du Rhône, D 449.)

« Considérant que plusieurs sociétés savantes et littéraires de Lyon possèdent
« des Bibliothèques particulières, dont la réunion pourra former une bibliothèque
« publique ;

« Vu notre lettre du 9 décembre dernier, adressée à l'Académie royale des
« sciences, belles-lettres et arts de Lyon et aux sociétés de médecine et d'agri-
« culture ;

« Vu les délibérations de l'Académie royale de Lyon, à la date du 11 janvier
« dernier, de la société de médecine à la date du 10 du même mois, et de la
« société d'agriculture du 5 aussi du même mois ;

« Vu les lettres des sociétés de pharmacie et linéenne de Lyon ;

« Arrêtons :

« Art. 1er. — Les Bibliothèques particulières de l'Académie de Lyon, des
« sociétés de médecine, d'agriculture, de pharmacie, linéenne et du Musée
« seront réunies en une seule Bibliothèque qui prendra le nom de *Bibliothèque
« du Palais-des-Arts.*

« Art. 2. — La Bibliothèque du Palais-des-Arts sera ouverte au public deux
« fois par semaine, de 10 heures à 4 heures. Elle sera ouverte tous les jours
« aussi de 10 heures à 4 heures pour tous les membres des sociétés sus-désignées
« et pour tous les professeurs de l'Ecole des Beaux-Arts.

« Art. 3. — Chacun des membres des sociétés fondatrices de la Bibliothèque
« aura le droit d'emporter chez lui des livres de la Bibliothèque ; le nombre en
« sera limité par un règlement dont il sera ci-après parlé.

« Art. 4. — La propriété de chaque Bibliothèque est exclusivement réservée à
« la société à laquelle elle appartenait avant la réunion.

« Art. 5. — Toutes les conditions du testament Adamoly continueront à être
« strictement remplies : l'inscription actuelle restera placée au-dessus de la porte
« d'entrée de la Bibliothèque de ce nom, laquelle ne sera point déplacée, non
« plus que le portrait d'Adamoly.

« Art. 6. — Tous les livres, soit anciens soit nouveaux de chacune des Biblio-
« thèques des sociétés fondatrices seront placés dans des armoires séparées,
« marqués d'une estampille particulière, consignés d'une manière distincte dans
« le catalogue général, de façon que la propriété en soit toujours une, indivisible
« et assurée.

« Art. 7. — Dans tous les temps, chaque société pourra renoncer à la commu-
« nauté et rentrer dans l'usage exclusif de sa Bibliothèque ; dans ce cas, la société
« qui voudra s'isoler des autres devra supporter les frais qu'entraînerait ce
« changement.

« Art. 8. — Il sera formé un conseil administratif qui se composera de tous les
« conservateurs des Bibliothèques particulières, auxquels seront adjoints le
« conservateur de la Bibliothèque de la ville et celui de la Bibliothèque du Palais-
« des-Arts.

« Art. 9. — Il sera également formé un conseil général de surveillance, dont
« les membres du conseil administratif feront nécessairement partie ; ce conseil
« se composera en outre de deux membres désignés par chacune des sociétés

« fondatrices et de deux membres nommés par MM. les Professeurs de l'Ecole
« des Beaux-Arts.

« Art. 10. — Le conseil général rédigera un règlement de la Bibliothèque du
« Palais-des-Arts ; ce règlement, avant d'être mis en vigueur, sera soumis à notre
« approbation.

« Art. 11. — Le présent arrêté sera soumis à l'approbation de M. le Préfet du
« département du Rhône.

« Fait à l'Hôtel-de-Ville de Lyon le 12 février 1831.

« *Le Maire de Lyon,*

« Signé : TERME, *adjoint.* »

Cet arrêté fut approuvé *provisoirement* par le Préfet le 14 du même mois, et
le fonctionnaire soumit au ministre du commerce et des travaux publics une
proposition du maire pour que le gouvernement voulût bien approuver la création
de la Bibliothèque et consentir à ce que le traitement du bibliothécaire, fixé à
2,000 francs, fût supporté par tiers par le gouvernement.

Le Ministre d'Argout, pair de France, approuva ces propositions le 7 mai 1831 ;
aussi le Préfet s'empressa, par lettre du 23, d'en informer le Maire de Lyon, en
lui notifiant qu'il pouvait considérer comme définitive l'approbation provisoire
donnée le 14 février, et assurer l'exécution des deux arrêtés du 12 février (1).

Expliquons tout de suite ici que le conseil administratif et le conseil général
de surveillance institués par cet arrêté, n'ont eu qu'une existence éphémère ; ils
se sont trouvés impuissants à maintenir l'établissement dans la véritable voie et
à empêcher les faits regrettables dont nous aurons à parler plus loin.

Sage dans beaucoup d'articles, l'arrêté de M. Prunelle était d'une pratique
bien difficile en ce qui concerne l'organisation de ces conseils.

En 1837, MM. Boullée et Montherot avaient été désignés par l'Académie pour
faire partie du conseil général de surveillance, et en 1838 (6 janvier), M. Meu-
nier, professeur à l'Ecole des Beaux-Arts, donnait sa démission de membre.
Enfin, en 1837 (le 4 avril), M. Dumas, secrétaire perpétuel de l'Académie, se
plaignait au maire de Lyon de ce que l'Académie n'avait pas été informée de la
nomination de M. Comarmond comme bibliothécaire. « Il paraît, dit-il, que
« l'avis n'en a pas même été donné au conseil administratif et au conseil général
« de surveillance qui ont été institués par l'arrêté municipal du 12 février 1831,
« *et dont j'ai l'honneur d'être président.* Je vous prie de vouloir bien me dire si
« ces conseils doivent se considérer comme dissous (2). »

Toutefois cette lettre redonna quelque vitalité à ce conseil de surveillance,
puisque M. Comarmond, qui en fut nommé le secrétaire, lui signala l'absence de
tout inventaire, la disparition de quelques ouvrages, la soustraction de 144 gra-

---

(1) Archives du département du Rhône. Série T, non inventoriée. Correspondance
échangée entre le Ministre, le Préfet et le Maire.

(2) Archives du département du Rhône, série T non inventoriée.

vures du *Musée Napoléon*, de 36 de l'œuvre de Demarteau, etc., enfin l'impossi-bilité de prendre en charge la collection d'estampes (1).

Le 27 mai 1831, le maire écrivait au bibliothécaire de la Ville (au Collége) :

« D'après la demande qui m'en a été faite par le conseil général d'administra-« tion de la bibliothèque du Palais des Arts, et l'engagement qu'il a pris de faire « restaurer et soigner par un artiste distingué *la collection* de portraits qui « existe dans la Bibliothèque de la Ville, je vous invite à mettre immédiatement « à la disposition de l'administration précitée la collection ci-désignée, *quel que* « *soit le nombre et l'état des portraits qui la composent.* » On peut voir dans le rapport sur la Bibliothèque du Lycée (2) en quoi consistait cette collection de portraits ; elle a dû être mélangée depuis avec les toiles du Musée ; les estampes sont rentrées dans l'ensemble des collections de ce genre.

Cependant la Bibliothèque en formation n'eût offert au public que les livres appartenant à l'Académie qu'on achevait d'apporter au Palais St-Pierre, ceux très-peu nombreux des sociétés savantes, et enfin le fonds du Conservatoire des Arts, si la vente d'un grand nombre de doubles provenant du triage des ouvrages de la Bibliothèque du Collége n'avait suggéré la pensée d'en réserver un certain nombre pour le Palais des Arts.

Le 18 juillet 1831, le Maire en envoya l'état au bibliothécaire de la Ville au Collége, le priant de s'entendre avec son collègue pour le transfert. Malheureusement cet état n'a pu être retrouvé jusqu'à présent ; il s'élève au chiffre d'environ 5,600 volumes (3).

Le Maire autorisa, le 20 décembre 1832, l'archiviste de la Ville à envoyer à la Bibliothèque du Palais des Arts six ouvrages (4).

Il prit encore une décision importante en 1834 ; on vient de voir que, dès 1831, un certain nombre de livres doubles de la Bibliothèque du Collége avaient été transportés dans celle du Palais St-Pierre au lieu d'être vendus aux enchères. Cela ne pouvait suffire et il devenait évident qu'une mesure analogue devait être prise pour les livres sur les sciences et sur les beaux arts, dont la place était marquée dans le nouvel établissement par le programme de M. Prunelle.

En conséquence, le 24 mars, environ 250 ouvrages sur les beaux-arts passè-

---

(1) Id., ib. Rapport au maire de Lyon, du 4 juin 1841.

(2) Voir le rapport sur la Bibliothèque du Lycée, pages 62 à 64.

(3) Le dernier état comprenant 21 ouvrages ou 30 volumes, est du 31 octobre 1832 ; signé Pichard et approuvé par Prunelle, maire. (Archives du département du Rhône, série T non inventoriée.

(4) Notice historique et critique du concours de Parthénope de Bloys, par Roquefort, 1 vol. in-4º.
Discours sur les médailles d'Auguste et Tibère, par François Artaud, 1 vol. in-4º.
Theatrum sit, etc., 1 vol. in-4º.
Mémoire historique sur le 18 brumaire. Paris, an VIII, 1 vol. in-8.
Histoire du serment de Paris, par Joly, un vol. in-8º.
Instruction pour les gens de la campagne sur la manière de préserver le lin, le chanvre sans rouissage, par Christian, 1 vol. in-4º.

rent de la Bibliothèque du Collége dans celle du Lycée. L'accusé de réception de l'état par le Maire à M. le Conservateur Péricaud est du 5 avril 1834. Quelques livres, compris dans ce chiffre, ne furent remis à M. Pichard que le 13 décembre 1834, ainsi que 70 ouvrages environ sur l'histoire naturelle.

L'état fut déposé aux archives de la Ville où nous ne l'avons pas retrouvé ; mais mention de chaque ouvrage cédé a été faite soigneusement dans le catalogue, par ordre de matières (1).

Le 3 mai de la même année, le Maire envoya encore à ce dépôt :

L'Architecture de la Sicile, de Hittorf; les Edifices de Rome moderne, de Letarouilly ; le Choix d'Edifices publics, par Gourlier; l'Anatomie, de Strauss; les Annales des sciences naturelles, et l'Iconographie de l'animal, par Guérin.

En formant la Bibliothèque du Palais-des-Arts, M. Prunelle avait entendu qu'en même temps que les sociétés savantes intéressées augmenteraient le fonds, chacune dans le sens de ses travaux, la ville pourvoirait à l'accroissement du *Musée des Arts* par des publications *pittoresques*.

Cette sollicitude constante le conduisit à la création si importante d'une collection d'estampes. Saisissant toutes les occasions qui pouvaient se présenter, il opérait d'une manière toute particulière dont il serait bien difficile de trouver plus tard l'exemple parmi les nombreux administrateurs qui lui ont succédé. Ordonnateur administratif des dépenses, il ne craignait pas, soit d'acheter lui-même, soit de quémander des dons, soit de puiser même dans l'allocation de l'Ecole des Beaux-Arts pour atteindre le but qu'il s'était proposé.

Une circonstance heureuse vint se présenter en 1834 : un amateur avait collectionné une nombreuse série d'estampes et de dessins ; M. Prunelle n'hésita pas ; il adressa, le 26 novembre, au Conseil municipal le rapport suivant, que nous reproduirons encore dans son entier, car ce document nous apporte quelque lumière sur une affaire qui, préparée avec une rare sollicitude, n'a pas été suivie avec tout le soin et avec tout le souci qu'elle comportait.

« J'ai eu l'honneur de vous entretenir à diverses reprises de l'influence qu'au-
« rait nécessairement une Ecole des Beaux-Arts dans une ville manufacturière ;
« il n'est aucun de vous qui ne soit convaincu que la prospérité des manufac-
« tures de Lyon ne pourra s'éteindre qu'alors que les étrangers, qui nous font
« maintenant une concurrence si active, seront parvenus à obtenir ce goût, ce
« sentiment de l'art qui est, à certains égards, une production de notre sol, mais
« qui a toujours besoin d'être épuré par l'étude approfondie des arts du dessin.
« Aussi, Messieurs, votre administration a-t-elle été remarquable par les encou-
« ragements que vous avez donnés à l'Ecole des Beaux-Arts. Il ne suffisait pas
« d'y introduire de nouvelles branches d'enseignement ; il fallait aussi fournir à
« l'étude des collections de modèles, afin que, non-seulement les élèves, mais
« encore tous les manufacturiers, vinssent y puiser de nouvelles idées, de nou-
« velles pensées, de nouvelles inspirations. C'est dans cet esprit que je suis
« parvenu, au moyen de quelques économies faites sur les divers services de

---

(1) Voyez le rapport sur la Bibliothèque du Lycée, page 56.

« l'Ecole, à créer le commencement d'un *cabinet d'estampes ;* ce commence-
« ment a été tel, qu'il nous a valu de suite un superbe don de la part de M. Cham-
« pagneux (1). Aujourd'hui, Messieurs, se présente une de ces occasions, main-
« tenant rares partout, et impossible à retrouver de longtemps à Lyon. M. Chate-
« lain (2), secrétaire de l'Ecole vétérinaire, collige depuis plus de quarante ans
« les estampes des anciens graveurs et les dessins des grands maîtres. La collec-
« tion est arrivée à près de *vingt mille* pièces ; celle des dessins originaux à plus
« de *mille.* La collection d'estampes renferme 100 Rembrandt ; 130 Albert Durer ;
« 415 Callot ; 23 Breughel ; 23 Hollar ; 78 Salvator Rosa ; 58 Stella, etc., etc.
« Le détail est consigné dans l'état ci-joint (3), auquel il faut ajouter une collec-
« tion de 2,000 portraits et une foule d'autres estampes de moindre valeur.

    « La collection de dessins originaux contient des dessins d'Asselyn, d'Annibal
« et d'Augustin Carrache, de Greuse, de Jordaens, de Claude Lorrain, de Van
« Ostade, etc. Je ne vous cite pas tous les noms des maîtres auxquels ces dessins
« sont attribués ; il est difficile à cet égard, aux plus habiles connaisseurs même,
« de ne pas tomber quelquefois dans l'erreur ; mais je puis assurer l'authenticité
« de plusieurs de ces pièces, et entr'autres de deux dessins d'Annibal Carrache
« et d'un dessin de Claude Lorrain. Tous les peintres de la ville font, du reste,
« le plus grand cas de cette partie de la collection de M. Chatelain ; il est inutile
« d'être peintre pour apprécier la valeur des estampes. M. Chatelain consent à
« céder sa collection à la Ville pour une pension viagère de mille francs qui serait
« reversible sur la tête de sa femme. M. Chatelain est âgé de 57 ans ; sa femme
« est née en 1780.

    « Je ne pense pas que la Ville puisse hésiter à accepter ces conditions ; M. Cha-
« telain ne les ferait pas à un particulier, et nous devrons lui savoir gré de l'esprit
« de patriotisme qui le dirige en cette occasion. La seule circonstance qui pourrait
« nous empêcher d'accepter cette offre est celle d'imposer à nos budgets à venir
« une dépense qui peut ne pas s'éteindre de longtemps (4). Mais vous savez que
« la Ville, en perdant malheureusement M. Jacquard, a désormais 3,000 francs
« à porter de moins sur ses budgets annuels ; vous savez que le fonds des bourses
« communales s'éteint d'année en année ; c'est sur cette extinction de bourses
« que je vous proposerais de porter la dépense, et comme nous avons fait emploi
« de 10,375 fr. éteints dans le cours de 1834, que nous n'aurons d'extinction en
« 1835 que vers le mois de septembre, je vous propose d'effectuer le paiement
« de la pension viagère, qui serait dû en 1835 sur le fonds de l'Ecole des Beaux-
« Arts, et comme M. Chatelain ferait sur-le-champ la remise de ses collections,
« *qui sont déjà en dépôt dans le Palais St-Pierre,* je vous demanderais à être
« autorisé à lui donner sur le même fonds un tiers ou un quart du montant de
« la pension viagère pour le mois qui reste à courir de 1834 (5).

---

(1) Mille estampes environ.
(2) *Alexandre-Humbert Chatelain,* teneur de livres, demeurant rue Pizay, 5.
(3) Nous n'avons pu retrouver cet Etat.
(4) Cette rente fut payée jusques et y compris l'année 1857, c'est-à-dire pendant 23 ans.
(5) Registres des délibérations du Conseil municipal aux archives de la ville de
Lyon (26 novembre 1834).

Le Conseil municipal vota immédiatement cette acquisition.

Voici ce qu'un conservateur de la Bibliothèque, M. Comarmond, a écrit, le 4 juin 1841, au sujet du cabinet d'estampes ; la question est trop importante pour qu'un rapport comme celui qui nous occupe ne cite pas tout ce qui a pu être recueilli sur une section des plus intéressantes de la Bibliothèque :

« Relativement aux gravures, le nombre de celles qui existaient n'était point « en rapport avec celui qui m'était signalé de toutes parts. J'écrivis à M. le Maire « que je ne pouvais être conservateur du dépôt des gravures, attendu qu'il était « dispersé, que je n'en avais qu'une partie à la Bibliothèque qui n'arrivait pas « approximativement au nombre qui devait s'y trouver ; que, d'ailleurs, pour « conserver, il fallait posséder.

« On réunit à la Bibliothèque toutes celles qui se trouvaient dans d'autres « dépôts ; le nombre s'en est élevé à 21,292, en y comprenant les gravures de « Sébastien Le Clerc et celles de plusieurs ouvrages reliés sur les feuilles des- « quels elles étaient collées (1). Et cependant, la rumeur publique et des per- « sonnes qui devaient connaître ces richesses m'annoncèrent :

« 1° Qu'il existait au Conservatoire un recueil d'estampes qui pouvait s'élever « de 6 à 8,000 ;

« 2° Que le dépôt de la grande Bibliothèque apporté au Palais-des-Arts devait « être au moins de 25,000 ;

« 3° Que l'achat de M. Chatelain montait à plus de 20,000 ;

« 4° Que M. Prunelle en a fait acheter à Paris environ 2,000 (2) ;

« 5° Qu'on en avait fait acheter à diverses ventes (à Lyon, aux ventes Coulet, « Barre, etc.), 5 à 6,000 ;

« 6° Que M. Champagneux avait fait don à la Ville de 1,000 gravures..... »

Ce rapport de M. Comarmond, on doit le penser, émut vivement l'administration municipale, car elle ne pouvait croire que 50 à 60,000 estampes aient pu se réduire à 21,292 ! Aussi le maire Terme s'empressa, le 23 juin 1841, de nommer une commission d'enquête composée de MM. C. Reyre, adjoint, président ; Acher, Sériziat et Henri, conseillers municipaux ; Bréghot du Lut, conseiller à la cour royale ; et Bonnefond, directeur de l'Ecole des Beaux-Arts, investie de tous les pouvoirs nécessaires pour mander devant elle et interroger tous les employés du Palais-des-Arts et des autres branches de l'administration municipale, requérir au besoin l'assistance de MM. les commissaires de police pour découvrir les auteurs de la soustraction de près de 30,000 estampes !

Nous avons vainement cherché le rapport de cette commission aux archives municipales et départementales et, sans rien préjuger, nous avons lieu de croire que nous ne devions pas le trouver ; ce n'était point à une commission d'enquête de faire des recherches analogues. Il eût suffi, à cette époque, de se faire représenter les états d'acquisition et de transfert, ou les listes de dons.

---

(1) Le chiffre actuel est de 21,367.

(2) Le 22 mars 1835, M. Prunelle écrit de Paris au Maire de Lyon qu'il lui envoit des estampes pour l'Ecole des Beaux-Arts, fournis par M. Guichardet, montant à la somme de 103 francs (Archives de la Ville, série moderne non inventoriée).

Ces listes ou états n'ont pas été encore retrouvés ; ils n'ont peut-être jamais existé, et nous avons lieu de penser que M. Comarmond avait exagéré les chiffres.

En effet, si on s'arrête seulement sur celui de 25,000 qui constituerait le dépôt de la Bibliothèque du Collége apporté au Palais-des-Arts, on n'a pas de peine à constater que jamais il n'a été parlé d'une collection aussi importante comme ayant pu exister dans cet établissement depuis 1795. Les inventaires du Conservatoire des arts, de 1818 et de 1823, n'indiquent aucune collection d'estampes.

On aurait pu aussi consulter le conseil de surveillance de la Bibliothèque... s'il avait encore fonctionné !....

Poursuivons nos extraits :

« Lors de l'achat Chatelain, chaque pièce, » a dit M. Monfalcon, « reçut au bas « de la marge, une indication au crayon qui constatait son identité et renvoyait « à l'ouvrage de Bartsch. M. Prunelle fit d'autres acquisitions d'estampes à Paris, « et le cabinet se trouva définitivement constitué ; jamais pensée plus heureuse « ne fut servie par des mains plus inhabiles, sinon plus infidèles. . . . .

« Beaucoup de spoliations ont eu lieu ; des estampes au timbre de la Ville « ont été vues chez des marchands et dans des cabinets particuliers ; les feuilles « de plusieurs recueils montrent les traces matérielles de vols nombreux. . . . .

« Il y a eu vol, mais dans des proportions infiniment plus restreintes......

« Y a-t-il eu infidélité d'une autre nature, c'est-à-dire substitution à de bonnes « estampes de pièces sans valeur ? Je ne sais ; mais un fait digne d'attention..... « c'est que plus des trois quarts des 25 à 26,000 estampes du Palais-des-Arts sont « de blêmes épreuves d'estampes sans la moindre valeur..... (1) »

« J'ai eu l'aveu d'un des coupables ; il s'était cru dans son droit en ce sens que « des Marc-Antoine et des Albert Durer, vraiment très-beaux, se trouveraient « déplacés entre des mains de gens qui s'y connaissaient si peu.... (2) »

Nous pensons que M. Monfalcon a apprécié avec une sage mesure la question maladroitement soulevée par M. Commarmond, dont la bonne foi a été certainement surprise.

Toutefois, ces fâcheuses circonstances doivent servir d'avertissement, et le comité estime que, pour sauvegarder sa responsabilité ainsi que celle des conservateurs, il y a lieu à prendre *immédiatement* pour le cabinet d'estampes une série de mesures qui seront indiquées à leur place dans la suite de ce rapport.

La Bibliothèque du Palais-des-Arts fut assujettie en 1836 au règlement général des Bibliothèques de la Ville (3), et fut en conséquence ouverte désormais tous les jours non fériés de dix heures à trois heures. Aucun livre ne pouvait (suivant l'article vi) être prêté en dehors de la Bibliothèque, à moins d'une permission spéciale du Maire.

---

(1) *Rapport au Maire*, p. xlii et xliii. Ce chiffre de 25 à 26,000 n'était même plus exact au temps de M. Monfalcon.

(2) Monfalcon. *Histoire monumentale de Lyon*, t. iv, page 93.

(3) Voir le rapport sur la Bibliothèque du Lycée, page 61.

C'était une mesure de restriction, puisqu'on avait admis la responsabilité du conservateur comme suffisante dans le réglement du 6 décembre 1830, et que le Maire n'intervenait que pour des décisions spéciales.

Des abus se produisirent, et le Conservateur ayant eu occasion de les constater, le maire lui écrivit, le 31 juillet 1841, qu'il suffirait d'observer strictement les règlements, et notamment celui de 1836, qui ne permettaient pas que les livres puissent sortir des dépôts à moins de sa permission (1).

Des décisions semblables assurent évidemment la tranquillité de l'administration et des conservateurs des bibliothèques pour l'intégrité de ces dépôts ; mais on eut, du moins, pu excepter de cette mesure les membres des corps enseignants, ainsi que cela a été fait, beaucoup plus tard, sur les instances réitérées du ministre de l'instruction publique (2).

Un rapport de M. Commarmond, adressé au maire de Lyon le 23 septembre 1837, pour répondre aux renseignements demandés par le Ministre de l'Instruction publique par sa circulaire du 17 juillet 1837, nous fournit un état des divers ouvrages que comportait alors notre Bibliothèque (3).

FONDS DE LA VILLE.

Théologie,	ouvrages	285,	volumes	750
Sciences et arts,	—	1,606,	—	3,606
Belles-Lettres,	—	299,	—	950
Histoire,	—	702,	—	1,402
Antiquités,	—	168,	—	256
Imprimés.	—	3,060,	—	6,923
Manuscrits,	—	3,	—	3
		3,063,		6,926

ACADÉMIE.

Imprimés,	ouvrages	4,612,	volumes	7,144
Manuscrits,	—	260,	—	280
SOCIÉTÉ DE MÉDECINE, imprimés,	—	516,	—	902
SOCIÉTÉ D'AGRICULTURE, —	—	376,	—	951
SOCIÉTÉ LINNÉENNE,	—	159,	—	254
SOCIÉTÉ DE PHARMACIE, —	—	52,	—	82
Total,		9,038,		16,539

(1) Archives de la Ville de Lyon, série moderne non inventoriée, copies de lettres, registre 59, numéro 1162.

(2) Circulaire du 19 mars 1873.

(3) Archives du département du Rhône, série T non inventoriée.

Le nombre des lecteurs variait de 20 à 60, et se composait comme il suit :

Artistes, élèves de l'École de dessin, dessinateurs de fabrique . . . . 1/2.

Étudiants de sciences naturelles. . . . . 1/4.

Divers . . . . 1/4.

Ces collections s'augmentèrent fort peu pendant une période de sept années, puisque, le 31 mai 1844, selon M. Monfalcon, dont on peut considérer les informations comme précises (1), il existait, *dans le FONDS DE LA VILLE*, 10,000 volumes qui se composaient de :

2,100 in-folio.

3,270 in-quarto.

3,600 in-octavo.

1,030 in-douze.

———

10,000

ACADÉMIE,	8,200
SOCIÉTÉ D'AGRICULTURE,	800
— LINNÉENNE,	400
— DE PHARMACIE,	100
— DE MÉDECINE,	1,000
	20,500

En novembre 1843, sur la proposition de M. Monfalcon, on échangea 606 ouvrages de théologie contre un certain nombre d'autres livres plus modernes et intéressant la *science*, *l'histoire* et *les lettres*, d'une valeur de 1,920 francs (2).

Cette mesure fut approuvée par le Maire le 11 novembre 1843. On aurait dû négliger, dans cet échange, l'histoire et les lettres, et ne pas oublier les *Beaux-Arts*.

Notre Bibliothèque ne s'est réellement enrichie que par les donations, sur 49,600 volumes, 27,700 lui ont été légués.

Par testament du 28 mars 1837, l'antiquaire Lambert (3) donna à la Ville sa Bibliothèque, ses médailles, antiquités d'art et divers meubles, à la condition de compter 20,000 fr. à l'un de ses neveux. Il stipula, en outre, qu'un inventaire exact serait fait et imprimé (4), que les objets seraient déposés dans une salle publique, restant distincts, et sans pouvoir jamais être confondus avec les objets

———

(1) *Catalogue des Bibliothèques du Palais-des-Arts*, rapport au maire de Lyon, page 13.

(2) Archives du département du Rhône, série T non inventoriée. Les états des livres cédés au libraire Rivoire et de ceux *à acheter* sont joints au rapport de M. Monfalcon.

(3) *Jacques-Antoine Lambert*, né à Lyon le 8 avril 1770, est mort le 13 août 1850.

(4) Une somme de 1,500 francs fut portée au budget de 1853 pour l'impression de ce catalogue (commission municipale, séance du 18 mars 1853) ; nous ne savons pas qu'on ait donné suite à cette délibération.

similaires de la Ville. Le Conseil municipal accepta le legs et les conditions oné-
reuses par sa délibération du 14 novembre 1850. Cette collection est dans une
bonne condition matérielle ; les reliures sont solides et élégantes ; elle renferme
2,500 volumes. On y trouve un certain nombre d'éditions fort rares, des livres
dits curieux, des éditions *princeps*, des manuscrits avec peintures délicates. Cette
collection comprend plus spécialement des ouvrages d'archéologie ancienne.

En 1853, nouvelle libéralité ; M. Prunelle qui, après avoir tout fait pour cet
établissement, n'avait jamais caché son intention de léguer à la Ville sa Bibliothèque particulière, mourut le 20 août à Vichy, dont il était médecin-inspecteur.
Mlle Prunelle, sa sœur, fit honneur à ce vœu exprimé dans un testament (1) que
son frère avait froissé et jeté au panier, où il fut retrouvé. Cet acte de loyauté
valut 9,500 volumes à la Bibliothèque du Palais-des-Arts.

L'état matériel de cette collection est des plus satisfaisants ; le plus grand
nombre des volumes, ornés du chiffre de M. Prunelle, sont reliés sans luxe, il est
vrai, mais convenablement. Les sciences économiques, les sciences naturelles
et médicales y tiennent la plus large place. Toutes les langues européennes s'y
rencontrent, et plusieurs volumes sont annotés en marge de la main de M. Prunelle, et dans des idiômes différents. On y remarque : *Acta conciliorum*, le
Rhethores Græci d'Alde, la grande édition d'*Hippocrate* et de *Galien*, les collections de *Gronovius* et de *Graevius*, les *Monuments de la monarchie française*,
des *Dictionnaires polyglottes*, etc., etc. Aucune collection ne pouvait mieux
s'adapter à la spécialité de notre établissement.

Deux ans après M. Rougnard (2) meurt, et laisse, par testament du 2 mai
1853, sans aucune clause spéciale ou onéreuse, à la Ville, sa Bibliothèque,
comprenant 5,701 volumes (3). Cette collection est en bon état de reliure ; elle
renferme surtout des voyages, quelques volumes d'archéologie, de nombreuses
monographies sur l'histoire des villes de France, sur la statistique, etc.

Enfin, en 1859, un autre Lyonnais, M. Bonafous (4), enrichit de nouveau les
collections, surtout au point de vue de l'agronomie, en léguant les 10,000 volumes de sa bibliothèque.

Ses héritiers, Mme Bouniols sa sœur, son frère Alphonse Bonafous, joignirent
à cette libéralité une somme de 10,000 francs, qui contribua à l'installation de
boiseries, armoires et vitrines dans la grande salle de la Bibliothèque.

Ce don fut accepté par délibération du conseil municipal du 29 avril 1859 (5).

---

(1) Ce testament est du 31 janvier 1853 : « Art. 1er. Je donne et lègue à la ville de
« Lyon tous les livres qui composent ma Bibliothèque, en quelque lieu qu'ils exis-
« tent. Cette Bibliothèque existe en dehors de la donation contractuelle faite à
« Mlle Caroline Chaptal, et n'entre pas en conséquence dans cette donation. »

(2) *Jean-Bonaventure Rougnard* est mort à Lyon le 11 février 1855.

(3) Cartes et gravures, 426. En même temps, M. Rougnard léguait son médaillier,
renfermant 800 médailles. Ce legs fut accepté par délibération de la Commission
municipale du 27 avril 1855.

(4) *Mathieu Bonafous*, né à Lyon le 7 mars 1793, est mort à Paris le 23 mars 1852.

(5) L'offre par M. Jean-Charles-Alphonse Bonafous et Mme Ursule-Marie-Charlotte-

Cette collection présente un beau choix de livres rares et d'un grand prix des éditions des xve et xvie siècles, et se fait remarquer par son bon état matériel. Elle a apporté à la spécialité de l'établissement de nombreux documents et ouvrages sur la culture du mûrier, l'éducation des vers à soie, la filature et tissage des étoffes, patiemment réunis pendant un demi-siècle dans toute l'Europe et jusqu'en Chine. La *Pomone italienne*; la *Faune italienne*; l'*Herbier* du célèbre *Rogier*; plusieurs flores et monographies avec planches coloriées; les travaux et dessins originaux, et la *Bibliotheca serica* du donateur.

On pourrait ajouter à ces libéralités celle du docteur des Guidi (1), une bibliothèque de 4,000 volumes. Des circonstances particulières n'ont pas encore permis de faire entrer la ville en possession. Puis on cherche, tristement et sans résultat, où la Bibliothèque du Palais-des-Arts pourrait loger ces nouveaux volumes?

M. Des Guidi avait proposé, le 30 décembre 1841, à la Ville, de lui céder une collection de 140 à 150 ouvrages sur les mathématiques, moyennant une somme de 1,000 francs. M. Monfalcon, consulté à cet égard, répondit avec raison qu'il était préférable d'acheter pour cette somme des ouvrages plus modernes et mieux au niveau de l'état actuel de la science. Nous devons reconnaître que ces ouvrages ne figurent plus sur le catalogue de la bibliothèque de M. Des Guidi, rédigé par M. Vingtrinier en 1864.

La Ville fit l'acquisition, le 29 mars 1860, au prix de 25,000 fr., de la bibliothèque de M. Victor Thiollière, qu'elle réunit à celle du Palais-des-Arts. Cette Collection, qui comporte 4,000 volumes, est spéciale aux travaux de paléontologie, de géologie et de minéralogie, par lesquels ce savant s'est distingué. Les héritiers donnèrent en même temps au Muséum une riche collection de fossiles.

Notons enfin que les sociétés d'agriculture, linnéenne et de pharmacie qui avaient adhéré, comme on l'a vu, à la réunion de leurs bibliothèques à celle du Palais en 1831, les ont retirées en 1849. Les deux dernières sont peu importantes; mais celle de la Société d'agriculture, dont il a été question au chapitre premier de ce rapport, grâce à son accroissement considérable, n'aurait pu y rester, faute d'emplacement suffisant.

Les publications envoyées par l'Etat ne parviennent pas toujours à cette bibliothèque, parce que les ministères ne sont pas exactement renseignés sur l'existence de deux divisions de bibliothèques à Lyon. Les ouvrages donnés sous la

---

Aline Bonafous, son épouse, de céder la bibliothèque que leur frère avait manifesté l'intention de donner à la ville, est du 8 février 1859 (Série D, archives municipales). Cette bibliothèque était à Turin : l'administration des douanes consentit à la laisser entrer en faisant remise, en faveur de la ville de Lyon, des droits que les lois l'autorisaient à percevoir.

(1) *Sébastien Des Guidi*, né près de Caserte (Italie), le 5 août 1769, est mort à Lyon le 27 mai 1863.

PALAIS

BIBLI

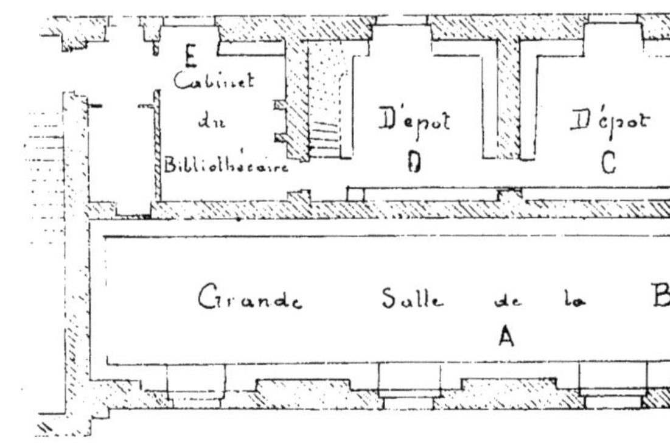

Plan du

Echelle de

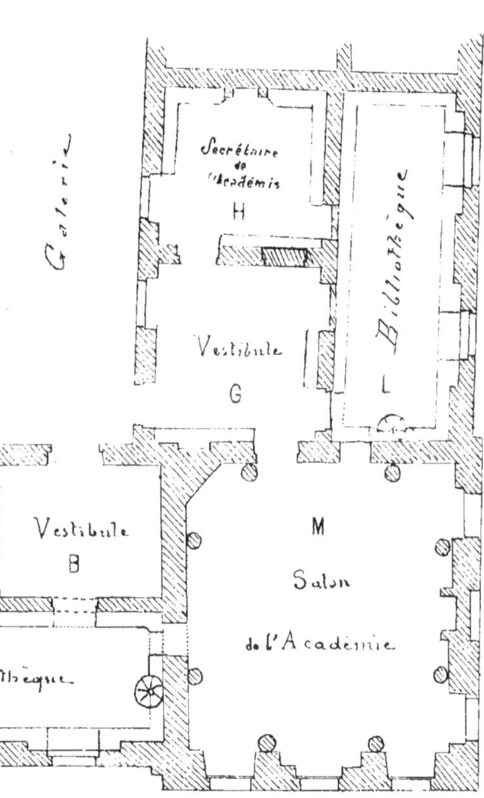

étage

|___________| 10 Mètres

seule indication de *Bibliothèque de la Ville de Lyon*, vont toujours à la Bibliothèque du Lycée. C'est ainsi que ce dernier établissement détient un très-grand nombre de publications sur la science et sur les arts. On indiquera, plus loin, le moyen d'éviter cette regrettable confusion.

Il y aurait également lieu de demander au gouvernement de prendre une mesure générale, qui contribuerait beaucoup à l'accroissement de nos bibliothèques. Il faudrait qu'à l'avenir les Préfets fussent autorisés à retenir, pour la bibliothèque du chef-lieu, un des exemplaires des imprimés et estampes publiés dans le département, dont les imprimeurs doivent déposer deux ou trois exemplaires, conformément à la loi. D'abord, tous les exemplaires du dépôt légal ne parviennent pas exactement à la Bibliothèque nationale, il s'en faut de beaucoup ; ensuite, enrichir les bibliothèques *publiques* des chefs-lieux de département, ce serait mieux que d'encombrer la Bibliothèque *privée* du Ministère de l'Intérieur (1) de livres qui n'ont absolument aucun intérêt pour les personnes étrangères aux localités où les ouvrages ont été écrits et publiés.

I *bis*

Local.

La Bibliothèque fut installée au Palais-des-Arts, dès le début, dans la partie du local qu'elle y occupe encore (2), qui se rencontre immédiatement après le

---

(1) L'ordonnance du 24 octobre 1814. réglementant l'article xiv de la loi du 11 du même mois. qui avait rendu obligatoire le dépôt des publications, fixa (articles iv et viii) à *cinq* le nombre des exemplaires des livres, estampes, cartes, plans, dessins et musique, qui devaient être déposés. savoir : un exemplaire pour la bibliothèque du roi, un pour le chancelier de France, un pour le Ministère de l'Intérieur, un pour la direction de la librairie, et un pour la censure.

Une circulaire du 11 janvier 1828. réglementant une ordonnance du 9 du même mois. réduisit à *deux* le nombre des imprimés un pour la Bibliothèque et un pour le Ministère de l'Intérieur). et à *trois* le nombre des estampes, musique, cartes et plans, savoir : estampes. cartes et plans, deux pour la Bibliothèque, un pour le Ministère de l'Intérieur ; musique, un pour le Conservatoire de musique, un pour la Bibliothèque et un pour le Ministère de l'Intérieur.

Des circulaires des 6 mai 1841 et 8 novembre 1843 ont fixé depuis à *trois* le nombre des écrits politiques à déposer.

(2) Cette portion de l'abbaye des dames de Saint-Pierre était consacrée aux cellules des religieuses, à un grand couloir qui les desservait, et à une chapelle disposée à l'angle. Cette chapelle, dite du Sépulcre, est devenue le salon de l'Académie ; les cellules ont formé le cabinet du secrétaire de l'Académie, le vestibule de la

vestibule d'entrée, et qui était éclairée seulement par deux fenêtres sur la place des Terreaux. L'Académie des sciences, belles-lettres et arts, lors de sa réorganisation en 1800 par le préfet Verninac, sous le nom d'Athénée, vint occuper la belle salle de l'angle et les locaux adjacents, où fut installée d'abord sa bibliothèque particulière et celle d'Adamoli, depuis 1825 jusqu'en 1831. Jusqu'en août 1828, cette bibliothèque ne s'ouvrait qu'une fois par semaine ; à dater de cette époque jusqu'en 1831, elle s'ouvrit deux fois. Quant à la Bibliothèque du Conservatoire, elle s'ouvrait le lundi et le jeudi, sous la surveillance du secrétaire de l'Ecole des Beaux-Arts.

Le surplus du local actuel était occupé par le concierge du Musée. Mais, en 1824, lorsque Revoil vint reprendre son poste de professeur de peinture à l'Ecole des Beaux-Arts, la Ville enleva au concierge les deux chambres sur la place des Terreaux pour y établir son atelier, et le concierge dut se contenter des trois petites chambres sur la cour. Enfin, en 1831, lors de la réorganisation de la Bibliothèque par M. Prunelle, le concierge obtint un logement ailleurs, et ne conserva que le compartiment qui forme le cabinet actuel de M. le Conservateur depuis 1873 seulement.

En ce moment, la Bibliothèque occupe, pour les collections de la Ville, pour celles qui lui ont été léguées et pour celles de l'Académie et de la Société de médecine, divers locaux, dont l'exiguité rend impossible tout accroissement de livres.

Elle possédait un magasin dans les combles, lequel lui a été enlevé lors de la restauration de cette partie de l'édifice en 1876 et 1877, et, depuis cette époque, on a dû entasser dans le vestibule d'entrée, qu'ils encombrent, les divers ouvrages qui forment le dépôt.

La salle principale A (1), sur la place des Terreaux, où elle est éclairée par quatre fenêtres, est aménagée avec de belles boiseries, qui sont dues au dessin de l'architecte en chef de la ville, Desjardins, et auxquelles la famille Bonafous a contribué pour une somme de 10,000 fr. Le portrait de M. Bonafous, par Bonnefond (2), décore l'extrémité orientale de cette salle (3).

Bibliothèque et les cabinets des conservateurs ; une portion des grands couloirs sur la place des Terreaux et la rue Saint-Pierre constitue la grande salle de la Bibliothèque et la salle Prunelle (Voyez *Les de Royers de la Valfenière*, 1870, pages 21, 23, 24, 39 et 40).

(1) Voir le plan annexé à ce rapport.

(2) Toile ovale, larg., 0,68; haut., 0,86.

(3) Au-dessus de ce portrait est l'inscription suivante :

1859. — BIBLIOTHÈQVE DE MATHIEV BONAFOVS, LYONNAIS, DONNÉE A LA VILLE PAR SES HÉRITIERS ET Mme V.-M.-C.-A. BOVNIOLS, NÉE BONAFOVS. — A l'autre extrémité de la salle on lit l'inscription :

EN 1860, SOVS L'ADMINISTRATION DE M. VAISSE, SÉNATEVR, M. ALPH. BONAFOVS A FAIT DON DE 10,000 FR. POVR AIDER A LA DÉCORATION DE CETTE SALLE, EXÉCVTÉE SVR LES DESSINS DE M. T. DESJARDINS, ARCHITECTE EN CHEF DE LA VILLE, M. FRAISSE ÉTANT CONSERVATEVR.

Au midi se rencontrent le vestibule B (1) et trois petites chambres, C, D et E, pour le conservateur, le sous-bibliothécaire et un dépôt. Au-dessus de ces quatre compartiments se trouvent, en entresol, quatre chambres de même superficie, encombrées en grande partie par les publications des sociétés savantes envoyées à l'Académie, par la Bibliothèque de la Société de médecine, par des portefeuilles d'estampes, de dessins, etc., etc.

Des corps d'armoires, remplis des beaux livres de la Bibliothèque léguée par M. Lambert, obstruent le vestibule monumental G du salon de l'Académie ; on y remarque une table avec cette inscription : BIBLIOTHÉQUE LAMBERT, LÉGUÉE A LA VILLE DE LYON, MDCCCL.

Le cabinet adjacent H, consacré au secrétaire et aux commissions de l'Académie, est garni jusqu'au plafond de tablettes où l'on rencontre les ouvrages légués par M. Rougnard. Le portrait de Jean-Bonaventure Rougnard (2) décore le trumeau de cheminée de cette chambre.

La Bibliothèque Prunelle, ainsi que l'indique une inscription posée sur les boiseries, du côté sud, est placée dans une chambre L, emménagée avec des boiseries dans le genre de celles de la grande salle ; elle comprend deux fenêtres en retour du salon de l'Académie M, sur la rue St-Pierre.

Nous remarquons que l'inscription : *Bibliothèque Adamoli* a disparu. Le portrait de ce donateur n'est plus *dans* la la Bibliothèque ; il se voit, avec d'autres, dans le salon de l'Académie. Il est regrettable qu'on ne se soit pas conformé, à cet égard, aux dispositions précises de la délibération du 11 janvier de l'Académie et de l'arrêté du 12 février 1831 du Maire de Lyon. C'est ainsi qu'on perd le souvenir des citoyens généreux et qu'on décourage ceux qui se montrent disposés à de semblables largesses.

Cette installation, on le voit, est aussi insuffisante que mal disposée pour le service, qui n'est fait que par un seul employé, perdant ainsi de vue les lecteurs lorsqu'il doit parcourir ces nombreux compartiments pour la recherche des livres. Dans les séances du soir, on a le chagrin de renvoyer les lecteurs, qui ne peuvent être admis qu'au nombre de cinquante.

De nombreuses gaines de cheminées sont établies à l'intérieur ou contre les parois des murs auxquels sont adossées les tablettes.

---

(1) Sur la paroi, à gauche en entrant, on lit l'inscription suivante :

DONATEVRS DE LA BIBLIOTHÉQVE

ADAMOLI.	1763.	HEDDE (ISIDORE).	1864.
ARTAVD.	1837.		
FVLCHIRON, ANCIEN DÉPVTÉ DV RHÔNE.			
RICHARD (G.-PH.)			
LAMBERT.	1850.		
RICHARD (FLEVRY).	1852.		
PRVNELLE, MAIRE DE LYON.	1853.		
ROVGNARD (JN-BONRE).	1855.		
BONAFOVS (ALPH.)	1859.		
Mme BOVNIOLS, NÉE BONAFOVS.	—		

(2) Toile ovale, larg., 0,52 ; haut., 0,635.

Tout le Palais-des-Arts est malheureusement dans le même cas, et, si on a pris quelques précautions depuis peu de temps pour apporter des secours en cas d'incendie, d'un autre côté, l'on n'a rien prévu pour diminuer les risques résultant de gaînes d'une construction vicieuse et de la présence de magasins loués à des particuliers (1) et placés immédiatement au-dessous de la Bibliothèque.

Heureusement qu'elle n'a rien à craindre de l'humidité : un soleil intense, au contraire, qui n'est tamisé que par des stores, dessèche tout ce qui est déposé dans les chambres exposées en plein midi.

Le Comité propose, comme moyen *provisoire* d'agrandissement de ce local, en attendant que le Muséum d'Histoire naturelle ait été transféré dans un autre emplacement, de faire réunir à la Bibliothèque la grande salle qui servait autrefois de salle publique des cours à l'Ecole des Beaux-Arts, à laquelle on peut accéder, soit par le palier de l'escalier, soit par un petit cabinet qui la sépare de la salle principale de la Bibliothèque. On y disposerait contre les murs les estampes encadrées, et dans des meubles spéciaux les portefeuilles ou recueils d'estampes. Cela permettrait d'utiliser, dans le local actuel, les parois du vestibule d'entrée par des rayonnages, et, pour les grands in-folios, les meubles où sont conservés actuellement les portefeuilles. Cette proposition sera développée dans la partie de ce rapport consacrée à la description des collections.

II

Ressources Financières

Le Budget de cet établissement ayant été longtemps mêlé avec celui du *Conservatoire des Arts*, nous n'avons pu discerner exactement dans nos recherches la part qui lui était faite dans cette période. Cet état de choses a duré jusqu'en 1840 époque ou un fonds spécial lui a été assigné dans le Budget de la Ville. L'allocation est fixée alors à 6,700 fr., divisée comme il suit : Traitements, 3,200 ; encartage de gravures, 1,500 fr. ; frais divers et achats de livres, 2,000 fr. Cette année, par exception, on alloua une somme de 2,000 fr. pour reliures. Le chiffre de 6,700 fut maintenu jusqu'en 1849, époque où des raisons d'économie le firent abaisser à celui de 4,500. De 1845 à 1849, soit pendant quatre années, le budget supplémentaire comporte un supplément de 2,000 francs ; nous savons que ces 8,000 fr. ont été consacrés à l'impression d'un catalogue dont il sera question plus loin. En

---

(1) Même à un *restaurant*, dont la fumée de cuisine enfume la façade du Palais, et donne lieu à de fréquentes combustions de suie de cheminée.

1850, même allocation budgétaire de 4,500, qui est portée à 5,000 en 1851, pour être maintenue jusqu'en 1860, époque où elle est élevée à 7,000. En 1863, le budget est élevé à 7,600, puis à 10,600 pour 1869 et 1870. Nous retombons au chiffre de 7,600 en 1871, qui est relevé à 8,100 en 1872, et même à 12,000 en 1873. En 1874, il a été porté à 10,000.

L'allocation portée au budget municipal pour l'exercice de 1878 est de 10,300 francs.

Cette somme se divise comme il suit :

Personnel :	Conservateur	3.000	
	Sous-biliothécaire	2.500	6.900
	Garde distributeur	1.400	
Matériel :	Acquisitions.	1.700	
	Reliures.	900	3.400
	Chauffage et frais divers	800	
			10.300

On démontrera à plusieurs reprises, dans le courant de ce rapport, que ce chiffre n'est pas suffisant, à moins qu'on ne prenne le parti radical de replacer en une seule fois par une allocation considérable, ou par annuités, cet établissement au niveau de ce qu'il doit être pour la section des Beaux-Arts.

Le traitement du garde distributeur n'est pas en rapport avec le travail qui incombe à cet employé, qui, de plus, est privé, depuis deux ans, du logement au Palais-des-Arts, et, par conséquent, des avantages qui en résultaient ; son traitement devrait être élevé à 1,800 francs.

Il y aurait lieu, en outre, de nommer un deuxième garde aux appointements de 1,500 francs. L'un des deux gardes distributeurs exercerait la surveillance sur les lecteurs, pendant que l'autre circule dans les divers appartements de la Bibliothèque pour les besoins du service dans les séances du matin et dans celle du soir.

III

Personnel et Service

De 1806 à 1830, comme on l'a vu, la Bibliothèque resta confiée plus spécialement aux soins d'*Artaud*, directeur du Conservatoire.

En 1831, le docteur *J.-M. Pichard* fut nommé (1) conservateur par M. Prunelle sur la proposition des compagnies qui avaient contribué à sa formation. Il présida aux premières dispositions et fut remplacé en mai 1836, provisoirement, par M. *F. Godemard*.

---

(1) Le 12 janvier 1831, aux appointements de 2,000 fr. par an.

Le docteur *A. Comarmond*, qui poursuivit le travail de classement et continua le catalogue, est entré en fonctions le 1er avril 1837 (1). Appelé en 1840 au poste de conservateur du cabinet des antiquités de la Ville, auquel le désignaient ses connaissances spéciales, il dut abandonner, dans une certaine mesure ses fonctions au docteur *Monfalcon (J.-B.)*, qui fut nommé conservateur-adjoint le 20 mars 1841. Quelques semaines plus tard, le 1er juin, ce dernier devint conservateur en titre. On trouvera, dans une autre partie de ce rapport, l'indication des mesures qu'il prit pour apporter au dépôt qui lui était confié les améliorations impérieuses qu'il réclamait, et que ses prédécesseurs n'avaient pas eu le temps ou le pouvoir de réaliser.

M. Monfalcon ayant été appelé à la conservation de la Bibliothèque du Lycée le 5 septembre 1847, M. *De Laprade* (2) le remplaça et conserva ces fonctions jusqu'en 1849, époque où, ne voulant pas cumuler, par scrupule, les devoirs de professeur à la Faculté des lettres avec ceux de bibliothécaire, il donna sa démission.

Le docteur *Fraisse* (3) le remplaça et signala son passage dans l'administration du dépôt par de nombreuses améliorations. Le catalogue des estampes fut commencé par M. *Fortuné Rolle*, bibliothécaire-adjoint ; on ne l'a pas continué. Les salles de la bibliothèque reçurent de nouveaux aménagements. M. *Vital de Valous*, qui succéda à M. Rolle en 1856 (4), commença le catalogue général par ordre de matières, avec distinction des fonds différents dont ils proviennent et table alphabétique des noms d'auteurs ; enfin, M. *Joséphin Soulary*, nommé sous-bibliothécaire le 1er janvier 1868, organisa la création des séances du soir.

A la mort de M. Fraisse, M. Soulary était désigné d'avance pour le remplacer (5) ; il entoure encore notre établissement de ses soins éclairés et assidus.

M. *Soulary* (6) occupa pendant longtemps les fonctions de chef de division à la Préfecture. Il est difficile de parler des contemporains, mais le nom de notre bibliothécaire est un de ceux pour lesquels la postérité a déjà prononcé et qui ont acquis leur droit à la renommée. On voit que c'est dans les loisirs des devoirs les plus sévères qu'il a composé ces vers charmants qui ont fait de lui un des maitres du sonnet. L'Académie française vient de lui décerner une de ses récompenses les plus enviées.

M. Soulary est chevalier de la Légion d'honneur et de l'ordre des SS. Maurice et Lazare (7).

---

(1) Rapport au Maire de Lyon du 4 juin 1841, déjà cité.

(2) *Pierre-Marie-Victor-Richard de Laprade* est né à Montbrison, le 13 janvier 1812.

(3) *Charles Fraisse*, né le 2 février 1804, est mort à Lyon le 25 juin 1870.

(4) Né le 2 mars 1825 à Fleurieu-sur-l'Arbresle (Rhône). 1er juillet 1856, attaché provisoire ; 1er janvier 1861, bibliothécaire-adjoint ; 25 novembre 1873, sous-bibliothécaire.

(5) Sa nomination est du 25 novembre 1873.

(6) Né à Lyon le 23 février 1815.

(7) Publications de M. Soulary.

De 1840 à 1847, diverses publications non réunies aux œuvres actuelles de l'auteur ; voici le titre des principales :

Nous avons déjà parlé de notre sympathique sous-bibliothécaire. Ses travaux historiques, on le sait, font autorité dans notre monde intellectuel (1). Une érudition des plus étendues, une complaisance inépuisable le caractérisent. M. de Valous est membre de la Société littéraire, historique et archéologique, et l'un des fondateurs de la Société de topographie historique de Lyon.

Il n'y a qu'un garde-distributeur ; M. *Claude Landelle*, nommé en novembre 1839, a vu, peu à peu, se former l'intéressant établissement dont il a successivement rangé tous les livres sur leurs tablettes. Il supporte ainsi depuis trente-neuf ans, avec un modeste traitement, une besogne pénible et assujétissante. Il y a là des services qui mériteraient que sa retraite (dont l'heure n'a point encore sonné, vu l'activité exceptionnelle de cet employé) fût basée plus tard sur un chiffre plus convenable.

1° *A travers champs*, brochure in-8°, 16 pages. Imp. Louis Perrin ;
2° *Les cinq cordes du luth*,   —   3 feuilles d'impression. Imp. Léon Boitel.
3° *Paysage*,   —   1   —   Veuve Ayné, imp.
4° *Le Chemin de fer*,   —   —   —
5° *Une Mendiante au Congrès scientifique*, 1 feuille d'impression in-8° ;
   Les Ephémères, 1 vol. in-8°. Imp. Constant Jacottet. 1847 ;
   Les Sonnets humouristiques, 1 vol. in-8°. Lyon, 1858. Imp. Louis Perrin.
   Les Figulines, 1 vol. in-8°. Lyon, 1864. Imp. Louis Perrin.
   Sonnets, poèmes et poésies, 1 vol. in-8°. Lyon, 1864. Imp. Louis Perrin.
   Les Diables bleus, 1 vol. in-8°. Lyon, 1870. Imp. Louis Perrin.
   Pendant l'invasion, poèmes patriotiques, in-8°. 1870-71. Imp. Louis Perrin.
   Œuvres complètes, 2 vol. in-12, format elzévirien. Paris, 1872. Alph. Lemerre, éditeur.
   La Chasse aux mouches d'or, 1 vol. in-8°. Lyon, 1876. Imp. Louis Perrin.
   Les Rimes ironiques, 1 vol. in-8°. Lyon, 1877. Imp. Louis Perrin.

(1) Publications de M. de Valous :

Tableau des preuves de l'antiquité du droit municipal en France ; Lyon, L. Perrin, 1852. in-8°.
Les anciens hôtels de ville ou maisons communes de Lyon ; Lyon, 1862, in-8°.
Lettre sur l'étymologie de la Guillotière ; Lyon, 1863, in-8°.
Les origines des familles consulaires de la ville de Lyon ; Lyon, 1863, in-8°.
Essai d'un nobiliaire lyonnais ; Lyon, 1864, in-8°.
Le domaine ordinaire du Lyonnais au XVIe siècle ; Lyon, 1865, in-8°.
Etienne Turquet et les origines de la fabrique lyonnaise ; Lyon, 1868, in-8°.
Annoblissement d'un mineur lyonnais en 1398 ; Lyon, 1872, in-8°.
Charte des libertés et franchises de Châtillon d'Azergues (en 1261) ; Lyon, 1872, in-8°.
Documents sur le séjour de Rabelais à Lyon ; Lyon. 1873, in-8°.
Inventaire des livres d'un abbé de Valbenoite en 1593 ; Lyon, 1875, in-8°.
Citoyens et bourgeois de Lyon à diverses époques, n°s 1 et 2 ; Lyon, 1876-1877, in-8°.
Notice sur Quincarnon et sa famille ; Lyon, 1877, in-8°.
Inventaire du trésor de l'Eglise de Lyon en 1448 et 1724 ; Lyon. 1877, in-8°.

Depuis 1847, M. de Valous a publié dans plusieurs journaux de Lyon, de Paris, etc., et dans la *Revue du Lyonnais*, l'*Intermédiaire des curieux*, un grand nombre d'articles de littérature, d'histoire et de bibliographie.

Nous avons expliqué déjà qu'il y avait nécessité d'augmenter le personnel d'un deuxième garde-distributeur.

Le correspondant de la Bibliothèque, à Paris, est M. Savy, libraire-éditeur, boulevard Saint-Germain, n° 77. Les livres parviennent régulièrement à la Bibliothèque.

La Bibliothèque est actuellement assujétie au règlement général des Bibliothèques de la Ville, en date du 15 avril 1875. Elle s'ouvre tous les jours non fériés, de 10 heures du matin à trois heures du soir, et de 6 heures à 9 heures du soir. Elle ferme pendant un mois de vacances, au moment où se rouvre la Bibliothèque du Lycée qui prend aussi un mois à dater du jour de la distribution des prix de cet établissement.

On a vu dans le règlement de 1818 que l'ouverture était alors facultativement réglée par le directeur du Conservatoire des arts. Cela ne pouvait présenter d'inconvénients, la Bibliothèque n'étant pas publique. En 1825, elle s'ouvrit au public une fois par semaine pour se conformer au testament d'Adamoli ; le 1er août 1828, elle dut s'ouvrir deux fois.

L'arrêté du Maire du 12 février 1831 la fit ouvrir aussi au public deux fois par semaine, de 10 heures à 4 heures, et les autres jours pour les membres des sociétés savantes et les professeurs de l'Ecole des Beaux-Arts ; les membres des sociétés fondatrices et les professeurs de l'Ecole pouvaient emprunter.

La Bibliothèque rentra dans le réglement, commun avec celui du Lycée, le 26 novembre 1836 ; elle fut ouverte tous les jours non fériés au public, de dix heures à trois heures. Elle prenait des vacances pendant la semaine de Pâques, et du 25 août au 10 octobre.

L'article 6, qui interdisait les prêts autrement qu'avec une autorisation de M. le Maire, fut en quelque sorte abrogé par MM. Fraisse et Soulary, qui ont su constamment encourager les études sérieuses et les membres des corps enseignants en leur prêtant les ouvrages dont ils ont besoin. Un registre très-bien tenu et où signe l'emprunteur a été jusqu'à présent une excellente garantie contre les abus

Il y aurait lieu d'introduire dans cet établissement un système adopté dans toutes les grandes bibliothèques. Aucun livre, estampe ou dessin ne pourrait être communiqué sans qu'il en ait été fait mention par le lecteur ou l'emprunteur sur un bulletin à formule imprimée, contenant le nom de l'emprunteur, son domicile, la date de la communication et l'indication de l'ouvrage, de l'estampe ou du dessin. Ces bulletins, conservés, sont un excellent moyen de se rendre compte, à tout instant, de ceux qui ont consulté ou emprunté un ouvrage ou une pièce sur laquelle on a constaté des détériorations, et enfin de déterminer d'une manière précise, ce qui est impossible à présent, la statistique du nombre des lecteurs, par séance et par année, ainsi que des ouvrages consultés.

IV

Collections.

A. *Manuscrits.*

Les manuscrits appartenant à la Ville sont au nombre de 48, tant du moyen-âge que modernes et contemporains.

On y remarque :

Compte des recettes et dépenses de Madame la duchesse de Bourbon pour l'année 1384-5, par Bernard de Villers, son maître d'hôtel ; 91 feuillets, gros papier, caractères gothiques (legs Lambert) ;

Lettres de l'abbé Nicaise à M. Carrel ; recueil in-4° parch., renfermant des détails curieux (legs Prunelle) ;

Mémoire pour servir à l'histoire de France sous Napoléon; a fait partie des mémoires écrits à Ste-Hélène par les généraux qui ont partagé la captivité de Napoléon ; in-folio maroquin doré sur le plat, par Bruyère ; donné par le général Bertrand ;

Bibliotheca serica ; manuscrit original d'un ouvrage de M. Bonafous; 10 vol. grand in-8°, maroquin v. à coins (legs Bonafous);

Mélanges du président Bouhier, in-folio de 238 folios ;

Lettres au président Bouhier, in-4° de 242 folios.

La plus grande partie des autres manuscrits consiste en missels, heures et livres de dévotion enrichis de miniatures d'un beau travail et provenant pour le plus grand nombre du legs Lambert.

B. *Imprimés.*

Il n'existe pas d'incunables.

La provenance des collections de cette Bibliothèque a été expliquée dans la première partie de ce rapport.

Nous laisserons de côté la Bibliothèque Adamoli et les livres appartenant à l'Académie ou à la Société de médecine, lesquels feront l'objet d'un rapport annexe de celui-ci.

A ce jour, et d'après un travail préparé par les soins de M. le sous-bibliothécaire, cette Bibliothèque possède 49,600 volumes *appartenant à la Ville*, dont 44,150 reliés et 5,450 brochés.

Depuis le 1er octobre 1856 (date à laquelle des chiffres exacts ont été relevés), jusqu'au 31 décembre 1876, 3,455 volumes ont été reliés. En 1877 il a été relié 200 volumes.

Ces volumes constituent 16,538 ouvrages dont voici les genres :

278	ouvrages de	théologie.
195	—	jurisprudence.
546	—	sciences philosophiques et morales.
408	—	sciences physiques et chimiques.
3,585	—	sciences naturelles.
2,654	—	sciences médicales.
717	—	sciences mathématiques et sciences occultes.
1,137	—	beaux-arts.
197	—	arts utiles.
41	—	exercices, jeux.
2,188	—	belles-lettres.
4,592	—	histoire.

En résumé, sur 16,538 ouvrages, 7,364 se rapportent à la science, et 1,334 aux arts ; ces deux fonds, réunis, comportent un peu plus de la moitié du fonds général.

La création d'une Bibliothèque à la Faculté de médecine devra faire ralentir, dans une certaine mesure, l'achat d'ouvrages sur la médecine, et peut-être aussi sur les sciences physiques et chimiques ; on peut remarquer, en effet, que sur ce point la Bibliothèque répond dans une mesure convenable à l'état de la science, et qu'en outre elle sera moins fréquentée par les étudiants des sciences.

On ne saurait en dire autant pour les ouvrages sur les beaux-arts, nonobstant 200 à 250 qui réellement appartiennent à ce genre, et qui sont catalogués dans l'archéographie, laquelle forme un chapitre de l'histoire. Ces ouvrages, placés dans le genre des beaux-arts, en élèveraient sans doute le chiffre ; néanmoins, après étude faite de l'ensemble des ouvrages de la Bibliothèque, et en tenant compte des 150 à 200 de ceux de l'Académie qui aussi traitent des Beaux-Arts, on reste stupéfait du chiffre restreint que nous présentons. Ce fonds est surtout d'une pauvreté en ouvrages d'art *modernes*, sur laquelle le Comité appelle l'attention de tous ceux qui s'intéressent à l'étude et au progrès des Beaux-Arts, si indispensables dans notre ville.

La Bibliothèque du Musée d'Art et d'Industrie au Palais du Commerce, créée en 1862, possède déjà 2,200 ouvrages d'art ou recueils d'estampes (1) ! Cependant, comme on a pu le constater, la Bibliothèque du Palais des Arts a été fondée en 1806, exclusivement pour les Beaux-Arts. Pendant 25 ans, les professeurs, les élèves de l'École et les artistes en avaient la jouissance exclusive. Les recueils les

---

(1) Cette intéressante Bibliothèque a été précisément formée par la Chambre de Commerce de Lyon pour porter remède à l'insuffisance notoire de celle du Palais des Arts, surtout en ouvrages sur les arts appliqués. On y trouve de grandes facilités d'indication de la part du personnel, et même il est permis de calquer les estampes et dessins sous la surveillance d'un employé qui ne perd pas de vue les étudiants.

plus précieux y ont été constamment déposés par les soins du Gouvernement dans ce but, et, cependant, on a longtemps négligé d'en accroître le fonds des Beaux-Arts en dehors de ces largesses.

Cette circonstance fâcheuse s'explique par la profession médicale de la plupart des conservateurs qui s'y sont succédé, qui ont songé plutôt à la science, et par cette circonstance que les legs qui l'ont enrichie comprenaient peu de livres d'art. Ce n'est que depuis quelques années que MM. Fraisse et Soulary ont rompu avec cette déplorable routine et ont fait acheter des livres d'art malgré la pauvreté de leur budget. Cette situation doit être modifiée : la Bibliothèque du Palais des Beaux-Arts ne saurait continuer à mentir aussi effrontément à son titre !

Les richesses de la Bibliothèque du Musée d'Art et d'Industrie au Palais du Commerce ne peuvent être mises à la portée des élèves de l'Ecole des Beaux-Arts, retenus, pour la plupart, toute la journée au Palais par les divers cours qu'ils ont à suivre. C'est cette circonstance qui, déjà en 1810, comme on l'a vu, avait fait apporter au Palais quelques livres d'art de la Bibliothèque du Collége. Il y a donc nécessité et urgence à ce qu'eux et leurs professeurs puissent y trouver toutes les publications qui leur sont nécessaires, et, de plus, des facilités exceptionnelles.

D'un autre côté, les Bibliothèques publiques d'art doivent s'appliquer à s'enrichir surtout de publications importantes, et que leur prix élevé ou leur rareté ne mettent pas à la portée des bourses modestes des artistes. Ces livres sont les véritables outils avec lesquels les architectes, les sculpteurs et les peintres, les graveurs, les dessinateurs, les verriers et les ornemanistes peuvent produire les œuvres qui illustrent une cité. Il est inutile d'acquérir dans cet ordre d'ouvrages ceux d'un prix au-dessous de dix à quinze francs qui sont accessibles aux plus modestes budgets.

On a vu, dans la première partie de ce travail, qu'en 1834, 70 ouvrages sur l'histoire naturelle, et 250 ouvrages sur les beaux-arts, passèrent de la Bibliothèque du Collége à celle du Palais-des-Arts. Cette mesure, excellente en elle-même, fut, comme d'habitude à Lyon, accomplie imparfaitement. Il suffit, en effet, de jeter un coup d'œil sur le catalogue par ordre de matières existant encore à la Bibliothèque du Lycée, et sur la marge duquel on a marqué les numéros cédés à la Bibliothèque du Palais des Arts, pour constater qu'il est resté au Lycée de nombreux ouvrages dont la place n'y est plus marquée.

Nous citerons d'abord 440 ouvrages sur les beaux-arts, qui, nécessairement, n'y sont demandés que par les personnes étrangères à la ville, qui ignorent que ces Bibliothèques comportent deux divisions bien différentes comme genres. Voici la nomenclature que nous en avons relevée :

	Ouvrages.
Généralités sur les beaux-arts, dictionnaires, théorie	35
Iconographie, monogrammes	8
Arts du dessin (1)	15
A reporter	58

---

(1) Dont trois ouvrages d'Albert Durer : symétrie du corps humain 1534, 4 livres de la proportion du corps humain 1613,, des fortifications 1535, etc.

Ouvrages

Report.	58
Peinture, traités généraux et particuliers (1).	27
Recueils d'estampes, galeries, collection de tableaux, catalogues (2).	70
Gravure (3).	27
Sculpture (4).	10
Architecture (5).	95
Construction, stéréotomie.	10
Musique.	85
Arts et métiers.	28
Perspective, y compris les traités mélangés avec ceux d'optique.	30
	440

Le fonds de Mathématiques est fort nombreux. Il comprend l'histoire des mathématiques ; les mathématiciens anciens, grecs, latins et indiens, l'arithmétique, l'algèbre, la géométrie pratique, la géométrie transcendante, les mathématiques appliquées et l'astronomie, ensemble, ouvrages. — 1100

Médecine.	2050
Physique.	480
Chimie.	140
Histoire naturelle.	796
Appendice aux sciences.	476
Métiers mécaniques.	100
On arrive ainsi au total de	**5582**

Ouvrages qui auraient dû prendre immédiatement au Palais-des-Arts, **la place qui leur était désormais réservée.**

---

(1) Lanzi ; Palliot de Montabert ; traités de miniature ; 2 traités de L. de Vinci ; de l'influence de la peinture sur l'industrie commerciale par Dechazelle, etc.

(2) L'art égyptien de Prisses d'Avesnes ; Inventaire des objets d'art de la France ; Galerie de Raphaël au Vatican, g. par Chapron ; Galerie Farnèse, par A. Carrache ; Fleurs de V. Spaendouck ; Cabinet des Beaux-Arts, par Perrault ; Portraits d'hommes célèbres de la Galerie de Richelieu au Palais-Cardinal, 1655 ; Catalogues des collections de l'abbé de Marolles, de l'œuvre de Boissieu, des estampes relatives à l'histoire de France par Hennin, de l'œuvre d'Etienne de la Belle, de Toustain-Lauthier, de l'œuvre de Sébastien Le Clerc, etc., etc.

(3) Traité de Papillon : Dict. de Basan, 1762 et 1787 ; Jeansen ; Joubert ; Divers recueils de chiffres, devises, médailles et jetons, etc., etc.

(4) Traité des statues, par Lemée, 1638 ; par Perrier, etc., etc.

(5) *Dix-sept* traités de Vitruve ou de ses commentateurs ; 2 Alberti ; 2 Serlio ; 1 Palladio ; 13 Barozzio de Vignole ; Lemuet ; Daviler ; deux Ducerceau, 1582 et 1611, maisons de ville et maisons des champs ; *cinq* Philibert de L'Orme ; deux Scamozzi ; 2 ouvrages de Jousse ; Sagredo ; Savot ; ordres de Francine ; Chambray ; Rondelet ; Desgodets, etc., etc.

Il est vrai qu'ils y sont remplacés par 7,799 ouvrages sur la théologie, les belles-lettres et sur l'histoire que l'on va demander à la Bibliothèque du Lycée !

Il se trouvera certainement des personnes qui estimeront que cet état de choses est acceptable, et que, fût-il mauvais, il est absolument *impossible* d'y toucher.

Le Comité sait que les conditions de certain legs sont gênantes (1), et que la coordination des genres de nos bibliothèques ne pourra s'opérer qu'au jour, bien éloigné encore, où un même local les recevra toutes les deux.

Toutefois, il est de son devoir de signaler de semblables anomalies, nécessairement inaperçues du public, qui en souffre dans une certaine mesure, ignorées de l'administration municipale, et qu'on peut atténuer en transférant au plus tôt au Palais-des-Arts les livres d'art de la Bibliothèque du Lycée. La présence de 440 ouvrages de ce genre dans un dépôt où ils ne doivent pas figurer, à moins que ce ne soit à l'état de *doubles* (2), engage les conservateurs à y retenir les belles publications artistiques que les ministères envoient. Du jour où ce fonds n'existera plus de deux côtés, les tentations seront moins vives, et chacun s'appliquera à augmenter le catalogue de la spécialité de son établissement.

En résumé, même en ajoutant ces 440 ouvrages aux 1334 catalogués au Palais-des-Arts, nous n'obtiendrons encore que le chiffre de 1774, qui est encore bien au-dessous de ce que doit comporter la Bibliothèque d'art de la ville de Lyon.

En conséquence, le Comité estime que le moment est venu de replacer cet établissement au rang qu'il doit occuper. Il ne se présente, en effet, que deux alternatives : ou faire un sacrifice important pour y rappeler les artistes qui en ont oublié le chemin, parce qu'on ne peut répondre à leurs demandes ; ou laisser ce soin aux bibliothèques du Palais du Commerce et de l'Ecole des Beaux-Arts !

La Bibliothèque du Palais-des-Arts ne peut évidemment pas, avec un budget annuel de 2,000 francs pour acquisitions de livres, chiffre dont les publications périodiques et les reliures absorbent les trois quarts, acheter les grands ouvrages d'art dont on sait le prix élevé.

L'urgence d'une solution immédiate ne saurait échapper à l'esprit clairvoyant de ceux qui connaissent les sacrifices considérables que les nations rivales de notre art et de notre industrie s'imposent sur le terrain du matériel de l'enseignement public !

Le Comité a préparé des listes d'un certain nombre d'ouvrages qui ne figurent pas dans cet établissement, *qui devraient y être*, qui deviendront de plus en plus rares, et dont le prix va sans cesse en augmentant.

En tête se trouvent ceux réclamés avec instance par M. le Professeur d'histoire de l'art, d'archéologie et d'esthétique à la Faculté et à l'Ecole nationale des Beaux-Arts, dont les leçons sont en quelque sorte inutiles si elles ne sont com-

---

(1) On a vu plus haut que, seul, M. Lambert a exigé, par son testament, que ses collections ne fussent pas mélangées avec celles de la Ville.

(2) Même, ces livres, alors qu'ils seraient doubles de ceux de la Bibliothèque du Palais-des-Arts, ont leur place toute indiquée dans la Bibliothèque particulière de l'Ecole des Beaux-Arts.

plétées par la communication de nombreux traités. Les livres d'art étrangers, dont notre Bibliothèque est absolument dépourvue, y sont les plus nombreux.

Ces listes, fort longues, et qui ne peuvent figurer dans un rapport imprimé, seront communiqués par le Comité, si l'Administration le désire ; elles démontrent impérativement la nécessité qui s'impose au Conseil municipal de prendre une mesure décisive en votant exceptionnellement, au budget extraordinaire, une somme considérable.

Quant aux livres de cette Bibliothèque, relatifs à ces *Belles-Lettres et à l'Histoire* (7,799 volumes environ), dont la place, comme nous l'avons déjà fait remarquer, serait à la première division des Bibliothèques municipales au Lycée, il faut veiller à n'en plus accroître le nombre.

Provisoirement, ces ouvrages ne peuvent être réunis aux autres ; mais on se prend à regretter leur présence, qui paralyse l'extension de la deuxième division constitutive : *Sciences et Arts.*

Il y aurait un remède, provisoire aussi, à appliquer dans cette circonstance dans l'intérêt de la coordination des spécialités des deux Bibliothèques.

Il arrive fréquemment que des lecteurs sont renvoyés pour des livres qui *devraient être* dans l'établissement, qui n'y sont pas, et qui existent (souvent même en double), dans l'autre !

Ne conviendrait-il pas que chaque Bibliothèque eût le catalogue des livres, des genres pour lesquels elle est plus spécialement consacrée, *qui se rencontrent dans la division voisine ?*

On éviterait ainsi des démarches inutiles et des déceptions ; chaque lecteur serait assuré d'être servi ; les deux divisions se compléteraient mieux l'une par l'autre.

Ces catalogues enfin renseigneraient aussi pour éviter les achats en double emploi ou dans une spécialité différente de celle de la Bibliothèque, qui ont eu lieu fréquemment autrefois, que le Comité s'ingénie à déconseiller, et que, *souvent*, il ne peut empêcher.....

C. *Estampes et dessins.*

D'après l'inventaire fait par M. le Conservateur sur la demande du Comité, le nombre des estampes s'élève au chiffre de 21,367 (1).

Il se décomposerait comme il suit :

Ecole française.	10,755
— italienne	1,453
— allemande, flamande et hollandaise	3,938
A reporter.	16,146

---

(1) M. Monfalcon avait fixé ce nombre à 26,000 dans son rapport au Maire de Lyon.

Report	16,146
Recueil vert	801
Gravures et dessins encadrés	131
Albums et recueils	798
Mélanges	3,491
	21,367

Cette division par genre ne peut être considérée comme exacte, les estampes ayant été dérangées après la classification qui en fut opérée par M. Monfalcon, et, depuis, par MM. Fraisse et Rolle. Elles sont contenues, pour la plupart, dans 70 portefeuilles, distingués entre eux par des numéros ou par des lettres ; les plus intéressantes ont été placées sous verre et sont exposées dans diverses salles de la Bibliothèque.

Dans l'article sous la rubrique de *Mélanges*, figure une belle collection de portraits, classés selon la position politique, la célébrité ou la profession des personnages. On y distingue les médecins ou professeurs ; les femmes et costumes ; les peintres ; les souverains, ministres et magistrats ; les musiciens et comédiens ; les écrivains, les philosophes, les savants et les érudits ; les personnages historiques, les papes et cardinaux ; les archevêques et évêques ; les jésuites, les religieux et les pasteurs de l'Evangile ; les littérateurs et les poètes ; les portraits en médaillon et médailles ; les sculpteurs, graveurs, architectes et typographes ; les souverains et princes, etc., etc.

Les dessins sont au nombre de 650 (1).

Nous pourrions, puisque les membres de la sous-commission ont déjà parcouru et étudié avec soin la plus grande partie des portefeuilles et ont pu se faire une opinion, nous livrer ici, à l'égard de ces estampes et dessins, à une étude importante et curieuse, dans laquelle on examinerait la valeur artistique, l'état ou la rareté de chaque pièce, puis le nombre de celles de chaque maître par rapport aux chiffres qui devraient s'y trouver. Nous ne la ferons pas encore......

L'état actuel de cette si intéressante section de la Bibliothèque exige, auparavant, la mise à exécution immédiate des dispositions suivantes :

1° Mise en ordre et numérotation de la collection, portefeuille par portefeuille, école par école, maître par maître ;

2° Reliures de certaines suites ;

3° Etablissement d'un catalogue.

En outre, le Comité estime que le moyen le plus sûr à employer pour rendre à la *section des Beaux-Arts et au cabinet des Estampes et Dessins* la portée exceptionnelle qu'ils comportent, consiste à les placer dans un local séparé, avec un employé distributeur spécial, mais toujours sous la direction et la surveillance des conservateurs de la Bibliothèque. Les ouvrages d'art grand in-folio et les portefeuilles, placés d'une manière incommode dans les coffres existant sous les

---

(1) Chiffre transmis par M. le Conservateur.

grandes fenêtres et ailleurs, en seraient extraits et disposés dans des meubles ouverts *latéralement*, avec cases séparées pour chaque portefeuille, et cela autour d'une ou plusieurs chambres, aux parois desquelles on appliquerait des estampes et des dessins encadrés. Les coffres actuels, aménagés pour s'ouvrir par-devant, serviraient à placer les in-folio ordinaires de la Bibliothèque, qu'on ne sait plus où loger, et les parois de l'antichambre, où se trouvent actuellement es estampes encadrées, seraient revêtues de tablettes pour disposer les livres, *empilés dans un angle* de cette salle.

Un des distributeurs, dont nous avons parlé, aurait pour mission d'employer ses loisirs à la mise en ordre des dessins et estampes, à leur classement, à leur encartage et à leur placement dans des reliures mécaniques, ainsi que cela se pratique dans les départements d'estampes de toutes les grandes Bibliothèques. Il guiderait les artistes dans leurs recherches, leur confierait les recueils reliés, mais ne pourrait, *sous aucun prétexte*, laisser parcourir *autrement qu'en sa présence* les portefeuilles d'estampes ou dessins sur feuilles séparées.

Les estampes et dessins que l'on désirerait copier seraient placés dans des passe-partout vitrés et mobiles qui en assureraient la bonne conservation.

Le Comité indique, pour l'installation qu'il réclame, l'ancienne salle des cours de l'Ecole au 1ᵉʳ étage du Palais, devenue libre par suite de la construction d'une nouvelle au 3ᵉ étage. Cette salle a été déjà réclamée par la direction des Musées pour donner une extension convenable au petit cabinet qu'elle a formé dans une chambre voisine, avec des estampes extraites de la collection de la Bibliothèque (1).

L'occasion de faire bien, *en conciliant tous les intérêts*, est donc indiquée par la force des choses. Toutes ces salles communiqueraient entre elles. Sur leurs parois, s'étaleraient les dessins de maîtres et les estampes *déjà encadrées* qui empêchent de poser des étagères dans le vestibule de la Bibliothèque, et dont la place est *à côté de celles déjà installées* dans la petite chambre dont nous venons de parler. Seulement, une portion de ce local servirait de salle d'études, sous la surveillance de l'employé dont nous venons de parler. M. le Professeur d'histoire de l'art, d'archéologie et d'esthétique réclame précisément, appuyé sur l'avis du Conseil d'administration de l'Ecole et des membres du Jury, *une salle d'études spécialement affectée aux artistes et aux élèves de l'Ecole des Beaux-Arts* qui fréquentent ses cours à la Faculté et à cette Ecole *comme nécessité absolue de son enseignement*. L'installation insuffisante de la salle de lecture actuelle, des tables trop étroites qui ne permettent pas le placement des grands in-folio sans gêner les voisins et détériorer ces ouvrages, l'impossibilité de les communiquer dans les séances du soir, tous ces inconvénients peuvent être immédiatement annulés par la mesure que nous proposons.

---

(1) Il ne saurait, par conséquent, exister aucun sujet de conflit entre la direction des Musées et l'administration de la Bibliothèque. Les estampes appartiennent à la Bibliothèque de la Ville ; partie sera en portefeuille ou en recueils, et partie sous verre. Le dimanche et le jeudi, le public sera admis à examiner toutes les estampes encadrées; les autres jours, les salles serviront à consulter les ouvrages d'art et les estampes au lieu d'être fermées.

V

Catalogues et Inventaires

Le premier inventaire remonte à l'année 1813, et il a été continué jusqu'en 1818. Il fut dressé par Artaud, directeur du Conservatoire des Arts (1).

Il comprend deux chapitres : celui des achats opérés par le Conservatoire depuis 1806 jusqu'en 1818, et celui des ouvrages provenant de la Bibliothèque du Collége.

Le premier renferme 74 ouvrages, comprenant 150 volumes.

On y remarque les ouvrages suivants : Enéide de Virgile. Lyon, 1517 (Nous n'avons pas retrouvé cet ouvrage dans le catalogue actuel) ; Parallèle de l'architecture antique avec la moderne, par de Chambray. Paris, Edme Martin, 1601 ; le Songe de Poliphile, édition de 1567 ; les Vases étrusques d'Hamilton ; ceux de Millin ; les Antiquités gauloises de Caylus ; plusieurs ouvrages sur les médailles, par Mionnet et Vaillant ; Thesaurus rei antiquariæ ex antiquis numismatibus, de H. Goltzius ; Iconographie des grands hommes de la Grèce, par Visconti ; Piranèse en 26 volumes ; les Monuments français, de Villemin, etc., etc.

Ces achats avaient été faits, on le voit, avec beaucoup d'intelligence.

Le second chapitre renferme : 281 ouvrages sur l'Histoire . . . . . vol. 490

91	—	sur les Sciences. . . .	» 185
77	—	sur les Belles-Lettres.	» 120
127	—	sur la Théologie. . . .	» 348
73	—	sur le Droit	» 145

Ensemble. . . . 649   1,288

Ces 1288 volumes, avec les 150 déjà indiqués, donnent le chiffre de 1450.

Les in-folio sont nombreux dans cette collection, surtout dans les genres de l'histoire et des sciences, et l'on remarque sous cette dernière rubrique quelques ouvrages d'art et quantités d'éditions rares qui atteindraient à présent des prix excessifs.

Nous signalerons les ouvrages suivants, qui figurent encore sur les rayons : Description de l'Empire de la Chine et de la Tartarie chinoise, par J.-B. Duhalde. Paris, Lemercier, 1735, 4 vol. in-f° à figures ; les Illustrations singulières des Gaules, par Jean le Maire de Belges. Lyon, J. de Tournes, 1549 ; Histoire et chroniques de France, par Froissart. J. de Tournes, 1559. 2 vol. in-folio ; l'Histoire généalogique du P. Anselme. 1726, 9 vol. in-folio ; diverses histoires généalogiques séparées : Maisons de Béthune, de Mailly, de Courtavan, des ducs

---

(1) Archives de la Ville de Lyon. Série D, non inventoriée. Inventaire du Conservatoire des Arts. Petit in-folio de 279 pages.

d'Autriche, de Courtenay, etc., etc.; l'Abbaye de St-Denis, par Felibien. 1706; de nombreux ouvrages de numismatique, par divers auteurs; le Traité des pierres gravées, par Mariette. Paris, 1750. 2 vol. p. in-f°; le Cérémonial français de Godefroy. 1649. 2 vol. in-folio; Histoire de la Ville de Paris, par Felibien et Lobineau. 1725; les publications de Paradin, de Le Laboureur, de Ménestrier, Saint-Aubin, etc., etc.

M. Pichard, puis M. Comarmond, conservateurs, procédèrent successivement, de 1831 à 1841, à l'arrangement des livres, de provenances si diverses (lesquels leur étaient échus) et à la rédaction d'un catalogue général. Ce travail dut être poursuivi pendant dix ans environ, et, cependant, lorsque M. Monfalcon, fut appelé à ce poste, il n'était pas terminé (1).

« Qu'on se représente, a raconté M. Monfalcon dans les salles de l'Académie, « huit ou neuf mille volumes accolés sans autre ordre que le rang de taille, et « encore assez mal suivi : Saint Augustin entre La Fontaine et Vitruve, Montaigne « coudoyé par Pline et par Quinte Curce. Soigneusement enfermés pour être « garantis des lecteurs, grand nombre d'ouvrages, et des plus importants, repo- « saient d'un profond sommeil sous la protection d'une couche décennale d'une « noire poussière. Quant aux manuscrits, éparpillés dans trois appartements « divers et relégués dans les profondeurs d'armoires incommodes, ils ne pou- « vaient pas même être abordés. »

M. Monfalcon établit partout l'ordre, tout en assortissant les formats, et, comme il ne pouvait compter sur personne pour ce travail, il le fit lui-même, avec la ténacité, le soin et la méthode qui ont toujours caractérisé tous les actes de sa longue existence.

Malheureusement, le catalogue conçu par MM. Pichard et Comarmond n'était pas disposé pour être continué, et, comme, d'un autre côté, M. Monfalcon s'occu- pait de remédier à la pauvreté de son dépôt en y amenant beaucoup de livres à l'aide des moyens mis à sa disposition, il n'y eut qu'un parti à prendre, celui d'en commencer un autre, à l'aide de cartes, et de mettre l'ancien de côté. Il a été vendu depuis *comme vieux papier.*

Le troisième catalogue fut imprimé :

Catalogue par ordre alphabétique des Bibliothèques du Palais-des-Arts à Lyon, par J.-B. Monfalcon. Lyon, Perrin. MDCCCXLIV (2). In-folio de 248 pages, plus

---

(1) Comment concilier ce dire avec le rapport présenté au Maire de Lyon, le 4 juin 1841, par M. Comarmond ? « Voici les travaux qui ont été faits. . . . . « La confection des cartes de tous les ouvrages ; elles portent toutes un numéro « d'ordre ; elles sont la fidèle copie du titre des ouvrages et contiennent le nom de « l'auteur, la date, et souvent le nom de l'imprimeur ; elles indiquent aussi la caté- « gorie, le format, et si l'ouvrage a des figures. Ces cartes ont été transcrites avec « soin sur un catalogue en forme, composé de six volumes in-folio. « La copie de ce catalogue m'avait été commandée par votre prédécesseur pour « être déposée aux archives de la Ville. Ce travail est aux trois quarts fait (Archives « du département du Rhône, série T, non inventoriée). »

(2) Cette date est celle du commencement du catalogue, et non celle de l'achevé d'imprimer. On peut consulter aux archives du département du Rhône (série T non

4 folios non chiffrés et LVIII folios pour *Rapport sur les livres et estampes des Bibliothèques du Palais-des-Arts, présenté à M. Terme, maire de Lyon, député du Rhône,* comprenant en outre, après la page 282, VIII folios *Notice sur quelques beaux livres,* le portrait de M. J.-B. Monfalcon en lithographie, puis *Catalogue par ordre de matières,* pages 245 à 248 (ce travail n'est qu'un plan de catalogue), suivi de : *Bibliographie de la Ville de Lyon, contenant l'indication des ouvrages imprimés ou manuscrits qui existent sur cette cité et sur le Lyonnais. Lyon, Perrin, 1850. 143 pages.*

Au frontispice, portrait de Prunelle, par Vibert ; en tête du rapport, portrait de Terme, par Dubouchet ; page XXII, portrait d'Adamoli (lithographie). Diverses vignettes et lettres ornées. Pages XLIII et XLIV, miniatures provenant de mss de l'Académie ; reproduction d'une ancienne gravure sur bois.

L'exemplaire qui nous a servi est celui de la Bibliothèque non interfolié et enrichi de miniatures (2) pour un certain nombre de lettres et fleurons.

L'historique de ce beau livre a été fait par M. Monfalcon lui-même dans sa préface, et nous ne saurions rien faire de mieux que de la reproduire ici :

« En 1844, M. Terme, maire de Lyon, décida qu'un catalogue général des
« Bibliothèques du Palais-des-Arts serait rédigé et imprimé ; il donna l'appro-
« bation la plus complète au projet que je lui présentai à cet égard.

« Dans ce projet, au catalogue par ordre alphabétique, devaient être réunis un
« catalogue par ordre de matières, diverses tables et un double inventaire des
« estampes par écoles de peinture et par noms de graveurs.

« Il y avait tout à faire ; j'employai quatre années d'un rude et fastidieux tra-
« vail à la confection des cartes au nombre de plus de vingt-cinq mille. Quand la
« Révolution du 24 février survint, le catalogue par ordre alphabétique était
« presque entièrement imprimé, et le manuscrit du catalogue par ordre de ma-
« tières était terminé, moins deux ou trois courts chapitres.

« Un livre sur le titre duquel on lit le nom du Palais-des-Arts devait avoir un
« caractère artistique ; son auteur voulut qu'il représentât l'état de la typogra-
« phie et de la gravure, à Lyon, vers le milieu du dix-neuvième siècle. Trente
« exemplaires seulement devaient en être tirés ; la dépense qu'on ne ferait pas
« pour la quantité profiterait à la qualité. M. le Maire autorisa le Bibliothécaire
« à faire dessiner et peindre, soit de lettres ornées, soit des fleurons, soit des
« ornements divers empruntés à divers manuscrits de l'Académie.

« Il pensa qu'un répertoire biographique de tous les livres et des manuscrits
« dont la ville de Lyon était le sujet à un titre quelconque, serait un complément
« fort utile du catalogue général des Bibliothèques du Palais-des-Arts ; ce travail
« a été fait ; on le trouve à la suite de ce catalogue par ordre alphabétique com-
« mencé en 1846 ; il n'a été terminé qu'en 1851.

---

inventoriée), la lettre du 15 octobre 1843, où M. Monfalcon sollicite l'autorisation d'imprimer ce catalogue, qui ne devait coûter que 3,000 francs. Il annonce qu'il y inscrira les ouvrages *qu'il a l'intention d'acquérir* jusqu'en 1850. L'approbation est du 21 octobre 1843.

(1) Par M. E. Martin-Daussigny, peintre, directeur actuel des Musées de la Ville.

« Le malheur du temps ne permettait pas l'impression du catalogue par ordre
« de matières, bien moins important que l'autre, et qui n'en est que la répétition
« méthodique : on a dû s'en tenir à mettre un ordre parfait et à terminer le cata-
« logue selon l'ordre alphabétique, ouvrage absolument indispensable pour le
« service des Bibliothèques du Palais-des-Arts, et demandé d'ailleurs non-seule-
« ment par M. le Maire de Lyon, mais encore par une loi formelle. Je renvois au
« rapport suivant l'historique d'un des établissements les plus utiles que possède
« la ville de Lyon.

« Un catalogue imprimé de Bibliothèque n'est jamais irrévocablement arrêté
« et complet ; à peine est-il terminé que des livres nouvellement reçus viennent
« former une lacune, et d'année en année, leur nombre augmente. Ainsi un in-
« ventaire bibliographique n'est exact qu'en se reportant à sa date. Le volume
« que nous publions n'est donc que la statistique des Bibliothèques du Palais-
« des-Arts au 31 décembre 1844 ; elles ont acquis, depuis cette date, un nombre
« considérable de bons ouvrages qui rendront nécessaire, plus tard, l'impression
« d'un supplément.

« Lyon, 31 mai 1851. »

On doit donc, avec M. Monfalcon, *considérer ce livre comme un beau livre
donnant la statistique des Bibliothèques du Palais-des-Arts.*

On remarquera que nous disons aussi *des bibliothèques ;* le motif de cette
appellation est que la Bibliothèque de l'Académie des sciences, belles-lettres et
arts, celles des sociétés d'agriculture, linnéenne, de pharmacie et de médecine,
sont noyées dans cette statistique ; chaque article porte seulement des lettres
distinctives, selon qu'il appartient à une compagnie.

Ce catalogue (car il faut bien le nommer suivant son titre) ne porte dans l'impression aucun numéro d'ordre, et si on veut se rendre compte du chiffre d'ouvrages il faut se résigner à compter. M. Monfalcon a, comme on l'a vu, parlé
de plus de vingt-cinq mille cartes. Acceptons ce chiffre ; mais il ne nous fixe pas
malheureusement sur le chiffre des volumes appartenant à la Ville, distingués de
ceux appartenant à l'Académie. Le catalogue méthodique manuscrit, dressé
depuis, a comblé cette lacune et a aussi procédé d'une manière beaucoup plus
convenable, pour une Bibliothèque de ce genre, en donnant toute l'extension au
catalogue par ordre de matières. Une table alphabétique des auteurs suffit lar-
gement pour les recherches des érudits qui ont la bonne fortune de connaître
les noms des auteurs qui ont traité de telle ou telle matière.

Deux autres circonstances ont contribué à faire de cette publication un simple
objet de curiosité : 1° les Sociétés d'agriculture, linéenne et de pharmacie, reti-
rèrent leurs livres après son impression, 2° le bibliothécaire, plein de bonne
volonté, y a inscrit nombre d'ouvrages *qu'il pensait pouvoir acquérir.*

C'est donc ainsi qu'une somme de 8,000 fr., qui eût été bien mieux employée à
l'acquisition de livres d'art, a été dépensée sans résultat absolument utile.

Le caractère artistique n'a rien à faire même dans la publication d'un catalogue de Bibliothèque d'art, et si le Conseil municipal juge à propos de publier
le catalogue des sections de sciences et d'art de cette Bibliothèque, notre avis
est, qu'au lieu de déployer un luxe typographique et de remplacer la quantité

des exemplaires par leur qualité, il faut, au contraire, publier un catalogue très compact, dans le genre de celui du South Kensington, d'un format portatif, vendu à tous et à un prix très-modique, et qu'on puisse ainsi consulter facilement chez soi. En outre de la diffusion qui peut en résulter et provoquer des visites, cette vente peut aussi contribuer dans une certaine mesure au remboursement des frais.

Hors de cette voie, cette dépense devient d'autant plus illusoire que des *suppléments* doivent être publiés de temps à autre pour les livres nouvellement acquis. Si le volume est imprimé sur des bases d'économie, ces suppléments sont peu de chose. Dans des conditions de luxe, cela devient une grosse affaire qu'on ne peut entreprendre tous les jours.

Le quatrième catalogue, qui est celui actuellement en service, est manuscrit. Tenu soigneusement à jour, il se trouve disposé de manière à recevoir pendant plusieurs années de nouvelles inscriptions. Commencé en 1856, il a été achevé en 1875 par M. V. de Valous, sous-bibliothécaire.

On ignore généralement les difficultés extrêmes d'un travail de ce genre, certains livres pouvant être placés indifféremment à des divisions différentes. Il est juste de reconnaître que le catalogue qui nous occupe peut passer pour un modèle dans cette nature de travaux bibliographiques. On devait, du reste, s'y attendre, connaissant d'avance toute l'érudition, la méthode et l'esprit consciencieux de critique de l'honorable rédacteur.

Les livres appartenant à l'Académie des sciences, belles-lettres et arts, et à la Société de médecine, provenant des ministères, des legs et donations y sont inscrits avec des désignations spéciales. Les livres acquis sont simplement enregistrés.

Le catalogue des *imprimés* se compose de 15 volumes in-folio; il est dressé par ordre de matières et suivant les divisions bibliographiques désignées dans le manuel du libraire de Brunet, sauf quelques légères modifications.

1er volume, 3 divisions : *Théologie, Jurisprudence, Sciences morales*; table alphabétique des auteurs.

2e, 3e, 4e et 5e volumes : *Sciences naturelles*; table alphabétique des auteurs.

6e et 7e volumes : *Sciences médicales*; table alphabétique des auteurs.

8e volume : *Sciences mathématiques* et *Sciences occultes;* table alphabétique des auteurs.

9e volume : *Beaux-Arts, Arts mécaniques, Exercices gymnastiques, Jeux;* table alphabétique des noms des auteurs de ces 4 divisions.

10 et 11e volumes : *Belles-Lettres ;* table alphabétiqne des auteurs.

12e, 13e, 14e et 15e volumes : *Histoire, Mélanges encyclopédiques, Journaux;* table alphabétique des auteurs.

Le catalogue méthodique des *Manuscrits* appartenant soit aux divers fonds de la ville, soit à l'Académie des sciences, belles-lettres et arts, a été fait en 1854, (à titre gratuit, par M. de Valous). Il est de format in folio comme les précédents et a été arrangé suivant l'ordre bibliographique du catalogue des manuscrits de la Bibliothèque du Lycée, dont il a été question au rapport sur cet établissement, et dressé par Delandine. Il est divisé en trois parties :

1° Manuscrits proprement dits qui sont succinctement décrits ou analysés ; 48 ouvrages, volumes, cahiers appartenant à la ville ;

2° Travaux de l'Académie des sciences, belles-lettres et arts, simplement indiquées ;

3° Table alphabétique des auteurs cités dans les deux premières parties.

Outre les 16 volumes dont nous venons de parler, on possède encore trois catalogues particuliers manuscrits du même format in-folio. Ce sont : 1° catalogue particulier méthodique avec table alphabétique, pour le legs Lambert ; 2° catalogue particulier méthodique, avec table alphabétique pour le legs Prunelle ; 3° catalogue méthodique, avec table alphabétique pour le legs Rougnard.

Les articles inscrits sur ces derniers catalogues, sont reportés au grand catalogue en **15** volumes.

L'inventaire et le catalogue des estampes fut entrepris par M. Comarmond. Voici ce que ce conservateur a dit de ce travail dans son rapport au Maire, du 4 juin 1841 (1) : « Le catalogue des gravures sera composé du double de volumes « (12 volumes) du même format (que celui des livres de la Bibliothèque) ; *il est* « *presque terminé* ; il ne reste qu'à copier des notes relatives à environ 2,400 « gravures. Chaque estampe, lithographie ou dessin, ont été préalablement « revêtus du cachet de la Bibliothèque apposé sur chaque face, et chacune d'elle « porte un numéro d'ordre qui sert à leur recherche et devient une espèce de « garantie ; ce numéro étant placé sur la feuille où est collée la gravure, et sur la « gravure elle-même, on serait instruit à l'instant même de la soustraction et de « sa nature, s'il se faisait un vol de ce genre. Une table placée à la fin du dernier « volume facilitera les recherches de la pièce qu'on veut avoir. Un grand nombre « de portefeuilles contenant des gravures seront livrés au public aussitôt après la « terminaison de ce catalogue qui entraînera leur classement naturel, soit par « maîtres, soit par professions relativement à la série des portraits. Le travail « du catalogue, de l'encartage, du lavage et du décollement d'un grand nombre « de gravures qui se trouvaient superposées sur **2**, **3** et **4** feuilles de papier (2) « a été très-long et très-minutieux ; il est presque terminé. »

Nous n'avons pu mettre la main sur ce catalogue, *en 12 volumes*, presque terminé !

---

(1) Archives du département du Rhône, série T non inventoriée.

(2) Par un arrêté du 8 mars 1838 du maire de Lyon, le sieur Durochat fut chargé d'encarter 10,500 gravures, à 10 centimes pour celles de 3 pouces au plus, à 15 centimes pour celles de moins de 6 pouces, et à 20 c. pour celles dépassant 6 pouces et au-delà. Il devait y en avoir 3.000 à 0,20 c. ; 3,000 à 0,15 c.; 4,500 à 0,10 c. Total, 1,500 francs pour un travail à exécuter en 15 mois (archives du département du Rhône, série T non inventoriée).

M. Comarmond écrivait le 5 décembre 1839 au maire de Lyon : « L'année dernière il a été alloué au budget une somme de 1,500 francs pour l'encartage des « gravures, mais 500 francs ont été détournés de cet emploi pour être appliqués à « à un autre service. Devant compter sur la somme entière, des gravures ont été « préparées pour cette somme de 1,500 fr. ; il reste dû 500 fr. (Id., ib.) » M. Comarmond finissait en demandant, pour 1840, 1,200 francs dans lesquels étaient compris les 500 francs arriérés.

M. Fraisse recommença avec l'aide de M. Vibert, professeur de gravure à l'Ecole impériale des Beaux-Arts, un classement des estampes. On les sépara par écoles de peintres, et on établit des classes distinctes pour la reproduction de tableaux d'histoire, les vues, les monuments, les ornements et les portraits.

M. Vibert a dit : « En faisant passer rapidement sous les yeux l'œuvre com-« plète ou à peu près de chaque maître, les collections d'estampes donnent un « haut enseignement. Si elles sont rangées par écoles et par ordre chronologi-« que, elles pourront indiquer l'histoire de l'art avec ses phases de naissance, « d'apogée et de décadence, dans chaque pays où l'art a été cultivé... Après « ces hautes instructions, si nous descendons dans les détails, elles nous feront « voyager en déroulant à vos yeux les vues prises sur nature, les monuments « antiques et modernes de tous les pays ; elles nous initieront aux mœurs et aux « coutumes des nations éteintes ou vivantes par la représentation des meubles, « des ustensiles, des costumes et des armures ; elles nous offriront les portraits « des hommes célèbres de tout temps et de toutes les nations ; puis enfin, venant « au secours des livres, elles compléteront l'enseignement de l'histoire naturelle, « de la botanique, de l'anatomie, de l'archéologie et des arts décoratifs.

« *Tel est le rôle qu'est appelé à jouer une collection publique d'estampes ; il* « *diffère profondément, comme on le voit, de celui assigné aux collections par-* « *ticulières.* »

Evidemment nos collections municipales doivent, avant tout, servir à l'enseignement public, tandis que la tendance actuelle est, en France surtout, d'en faire de simples sujets de *curiosité*. On s'efforce de réunir des objets, rares ou inédits, en négligeant tout ce qui peut les rattacher ensemble par l'ordre et la classification. On se préoccupera de l'*état* des estampes et de leur rareté, moins que de bons sujets. On regrettera que des mains inintelligentes aient rogné jusqu'au vif certaines estampes précieuses de notre collection, et que l'encartage d'un grand nombre ait été mal opéré. Il vaudrait mieux certainement que ces calamités ne se fussent pas produites. Mais, en l'état, prenons notre collection pour ce qu'elle est, et ne cherchons qu'un but, celui d'en faire un instrument pratique pour l'enseignement du public, en la classant, en la faisant relier, en l'augmentant sans cesse et en dressant son catalogue. C'est à l'absence de classement et de catalogue qu'on doit attribuer certainement ce fait tout particulier qu'on ne demande pas les estampes au Palais-des-Arts, tandis qu'on les consulte constamment au Palais-du-Commerce.

M. Fraisse avait si bien compris cette pensée que, dès 1851, il promettait de la suivre avec persévérance. Le classement terminé, il fit commencer le catalogue par M. Rolle.

Ville de Lyon. — *Catalogue raisonné des estampes de la Bibliothèque du Palais-des-Arts, par F. Rolle. Lyon, 1854,* in-8° de 374 pages et 11 pages pour l'avertissement, par M. Ch. Fraisse (mai 1854).

Ce catalogue ne renferme que les écoles française et anglaise mélangées. Elles sont divisées par époques : xvie, xviie et xviiie siècle, et selon l'ordre de naissance de chaque artiste. L'œuvre de chaque maître a reçu une numérotation spéciale reproduite sur l'estampe. Malheureusement on a négligé une numérotation générale, de telle sorte que les estampes, qui ne sont pas reliées, et que l'on enlève souvent des portefeuilles, n'occupent plus aucun ordre méthodique. Il est, en conséquence, devenu impossible de les retrouver à présent, et le catalogue qui nous occupe est une lettre morte jusqu'à ce qu'on ait pris le soin de réunir de nouveau les estampes, *provisoirement*, dans l'ordre indiqué par M. Rolle, puis de les inventorier par une numérotation générale.

Deux méthodes s'offraient pour l'arrangement de la collection. La première consistait à classer les maîtres par graveurs, la seconde par peintres ou dessinateurs. MM. Fraisse et Rolle ont cru devoir choisir celle-ci, parce qu'elle est appelée à rendre beaucoup plus de services et qu'elle répond mieux, par conséquent, au but que l'on doit se proposer dans toute collection *publique* d'estampes. La classification par graveurs n'aurait servi qu'à ceux qui s'occupent exclusivement de gravure, c'est-à-dire à quelques rares iconophiles ou curieux, quelque soit le nom qu'on leur donne.

MM. Fraisse et Rolle ont toutefois dérogé à ce principe en faveur du graveur lyonnais de Boissieu. On sait que cet artiste a gravé d'après Vynants, Ruysdaël, Karl Dujardin, Berghem, Poussin, Lorrain, etc. Ces Messieurs n'ont pas voulu déparer l'œuvre qui est, du reste, à peu près complète au Palais-des-Arts, en la dispersant. Aux noms que nous venons de citer, et se bornant à réunir les estampes qni seules ont été gravées d'après les dessins du maître, nous croyons que ces Messieurs auraient pu aller plus loin et adopter le même principe pour tous les graveurs d'origine lyonnaise, quelque fut le petit nombre des estampes qui se rencontraient dans la collection.

Dispersées et noyées en quelque sorte dans l'œuvre de Poussin ou de Mignard, les estampes des Audran ou des sœurs Bouzonnet-Stella devraient être réunies, et peut-être alors, s'apercevant de la dérisoire quantité des numéros par rapport à l'œuvre complète, songerait-on à continuer la série, sinon à l'achever par des acquisitions successives ?

On aurait ainsi l'œuvre de :

Audran (Benoît I, Benoît II, Karl, Claude, Girard, Germain, Jean, Louis et Pierre-Gabriel).

Bellay (François).

De Boissieu (Jean-Jacques).

Drevet (Pierre I, Pierre II, Claude).

Duclaux (Jean-Antoine Martin).

Cars (Jean-François et Laurent).

Manglard (Adrien).

Poilly.

Stella-Bouzonnet (Claudine et Antoinette), etc., etc.

L'établissement possède déjà quelques recueils formant ensemble 8 volumes in-folio :

Sébastien Leclerc; *Lairesse*; *Bernard Picart* et *Israel Silvestre*.

La dépense d'impression des 200 exemplaires de ce catalogue s'éleva à la somme de 1,203 francs qui dépassait notablement le chiffre de **800 fr.** pour 100 exemplaires dont il avait été question dans l'autorisation donnée par le sénateur chargé de l'administration du département du Rhône, le 14 janvier 1854 ; cette affaire fut régularisée par approbation du 15 mars 1855 (1).

Le second volume, rédigé aussi par M. Rolle, n'a pas été imprimé. Il consiste en un in-4° d'environ 480 pages, comprenant l'Ecole Italienne. Ce catalogue n'a pas été continué.

Notre travail d'examen n'a pu être assez étendu jusqu'à ce jour pour pouvoir donner des indications complètes sur la nomenclature des estampes qui ne figurent pas à notre collection, et qu'il serait facile d'obtenir par une simple demande à la chalcographie nationale, laquelle ne refuserait pas, sur une demande à adresser à M. le Ministre de l'Instruction publique et des Beaux-Arts, de livrer gratuitement les pièces qu'on pourrait lui demander.

Nous pouvons citer, pour le moment, 80 planches de *Girard Audran* existant dans ce dépôt, alors que ce maître n'est représenté ici que par 40 pièces environ. Et encore l'on aurait ainsi que 120 estampes sur 315 qu'a gravées ce maître, une des gloires artistiques lyonnaises la plus digne de mémoire !

De la famille des Audran, nous ne possédons que 7 estampes de *Benoît* sur 266, 5 de *Karl* sur 349, aucune de *Claude* sur 121, aucune de *Germain* sur 171, et 18 de *Jean* sur 466 !

Il est une mesure que le Comité désirerait voir adopter *tout de suite* pour la bonne conservation des estampes, et aussi pour couvrir sa responsabilité et celle des conservateurs. Elle se réduit à une question de fonds que le Conseil municipal ne se refuserait certainement pas de voter pour la reliure, *immédiate*, de certaines séries nombreuses qui peuvent déjà fournir des volumes assez complets à placer facilement entre les mains des artistes, sans aucune crainte de perte ni de dérangement dans le classement.

Un semblable recueil existe déjà pour l'œuvre de *Demarteau*, 2 vol. gr. in-folio, 257 pl.

On indique pour le moment, le catalogue de M. Rolle à la main :

Simon Vouet, 34 pièces.

Claude Mellan, 25.

Jean Lepautre, 487. Il existe en outre 1 recueil relié.

Charles Lebrun, 94.

Israel Silvestre, 193. Il existe en outre deux recueils reliés, *diverses veues de Rome et de ses environs*, in-folio, *estampes, veues et plans*, in-folio.

Gabriel Perelle (le père), 224 pièces.

Sébastien Leclerc, 2,196.

Van der Meulen, 36.

François Boucher, 71.

J.-J. de Boissieu, 134 (2). 37 pièces sont placées sous verre. — *Callot*, 513.

<hr>

(1) Archives du département du Rhône, série T non inventoriée.

(2) La série complète de Boissieu, d'après le catalogue de son œuvre, doit com-

Les portraits pourraient être également reliés, tels qu'ils se trouvent, avec une table au commencement de chaque volume, et en cela on adopterait le même système qu'emploie le département des estampes à la Bibliothèque nationale.

Tous les ouvrages de la Bibliothèque (ainsi que les estampes et dessins) sont marqués avec une estampille à l'encre bleue sur le frontispice ou le principal titre de chaque volume. Cette estampille représente un lion avec cette indication : *Bibliothèque du Palais-des-Arts.*

VI

Fréquentation et prêts.

A. *Lecteurs.*

Le nombre moyen des lecteurs par séance de jour est de 25. Ce chiffre est évidemment bien au-dessous de ce qu'il devrait être. On doit l'attribuer surtout à l'insuffisance du fonds des Beaux-Arts et à la création de Bibliothèques rivales : au Palais du Commerce, à la Faculté de médecine, etc. etc.

Ils sont plus nombreux aux séances du soir, inaugurées en 1867 ; ils atteignent 50 , *il s'en présente un bien plus grand nombre qu'on doit refuser faute de place.* On n'y laisse pas consulter les grands livres d'art (qui seraient demandés aussi aux séances du soir) toujours pour le même motif : un lecteur occuperait la place de trois.

B. *Prêts.*

Les livres sont prêtés depuis fort longtemps aux personnes connues et aux membres des corps enseignants sous la garantie du conservateur et avec la formalité de la signature sur un livre spécial (1).

---

prendre 140 pièces. Le Comité, ayant insisté à plusieurs reprises pour voir compléter la collection du Palais-des-Arts, celle-ci a pu atteindre le chiffre de 134. Quant aux six qui manquent : *La rue de la porte d'Ainay* et la *Vue du pont du Rhône, à Lyon,* existent à la collection Coste, à la Bibliothèque de la Ville ; le *portrait de M. de Boissieu,* frère du graveur, s'y trouve en double. On pourrait faire transporter ces trois estampes à la Bibliothèque du Palais-des-Arts. Il manque aussi : *La gouvernante, la rue de rochers* et *le paysage,* d'après Swanevelt. Ces deux dernières pièces manquent dans presque toutes les collections. On ne connaît que quatre exemplaires du *paysage.*

1 Dans le règlement de 1831, il avait été expliqué que les livres pouvaient être prêtés à domicile aux membres des sociétés qui avaient concouru à la formation de

Les lecteurs et les emprunteurs des divers genres d'ouvrages se décomposent comme il suit :

1/3 pour les sciences appliquées.

1/3 pour les arts utiles et les beaux-arts (1).

1/3 pour l'histoire et les belles-lettres.

C. — *Réserve.*

Il n'existe, en quelque sorte, pas de réserve dans la Bibliothèque du Palais des Arts. On a placé, toutefois, dans des armoires spéciales, les manuscrits de l'Académie des Sciences, Belles-Lettres et Arts. Les livres licencieux sont également déposés dans un autre armoire fermée avec soin par une clef qui reste entre les mains des conservateurs.

D. — *Règlement.*

Une affiche contenant les principales dispositions de l'ordonnance 1839 n'a jamais été apposée ; le règlement dont il a été question plus haut est placé d'une manière apparente.

E. — *Objets d'art.*

Il n'existe pas d'œuvres d'art dans la Bibliothèque. Le bibliothécaire a répondu, le 11 janvier 1877, à la demande qui lui avait été faite à ce sujet par la Commission de l'Inventaire des richesses d'art de la France.

VII

Conclusion.

Le Comité émet, à l'égard de la Bibliothèque du Palais des Arts, les vœux suivants :

1° Augmentation de son local par l'adjonction immédiate de l'ancienne salle des cours ;

2° Vote d'une somme considérable pour remettre le fonds des Beaux-Arts dans la situation où il devrait être ;

3° Mise en ordre, numérotation et reliure *immédiate* des estampes et dessins ;

4° Faire le Catalogue des estampes et dessins ;

5° Organisation, dans une nouvelle salle, d'une exposition des estampes, de meubles pour les grands livres d'art, les estampes et les gravures, de grandes

---

la Bibliothèque, à MM. les professeurs de l'École des Beaux-Arts, enfin aux personnes qui auraient des dons s'élevant à la somme de cent francs, au jugement du Conseil général d'Administration de la Bibliothèque.

(1) Remarquer que ce chiffre était de la 1/2 en 1837. (Rapport de M. Comarmond au ministre de l'Instruction publique) ; voyez page 22 de notre rapport.

tables pour consulter les grands in-folios et de passe-partouts pour la copie des estampes ;

6° Augmentation du personnel par l'adjonction d'un garde-distributeur de plus, afin que l'un des deux soit préposé spécialement à la mise en ordre et à la communication des estampes et livres d'art ;

7° Fonds spécial consacré chaque année à l'accroissement des séries des graveurs lyonnais ;

8° Liste des estampes de graveurs lyonnais qui ne sont pas à la Bibliothèque, et qu'on devra demander à la Chalcographie nationale du Louvre ;

9° Se faire autoriser par le Gouvernement à retenir dorénavant à Lyon, pour la Bibliothèque du Palais des Arts, un des exemplaires des ouvrages de sciences et d'art, estampes, cartes et plans déposés conformément à la loi, par les imprimeurs du département du Rhône ;

10° Faire relier les ouvrages brochés et réunir les brochures en volumes ;

11° Faire réparer les anciennes reliures dégradées par le temps et l'usage ;

12° Faire numéroter toutes les pages des manuscrits, en dresser un minutieux inventaire, en décrivant chaque miniature ;

13° Retirer de toute communication au public les exemplaires de l'ancien catalogue imprimé, quels qu'ils soient ;

14° Placer d'une manière apparente un *avis* aux lecteurs, les prévenant que M. le Sous-Bibliothécaire peut leur communiquer le catalogue complet par ordre de matières et par ordre alphabétique de tous les livres et manuscrits déposés à la Bibliothèque ;

15° Faire indiquer par chaque lecteur ou emprunteur sur un bulletin à formule imprimée, le livre, l'estampe ou le dessin qu'il demande, puis son nom, sa demeure et la date du jour, afin de constater la trace des livres prêtés et communiqués et l'importance du mouvement des lecteurs ;

16° Faire dresser le catalogue des livres de sciences qui se trouvent à la Bibliothèque du Lycée ; ce catalogue devra être communiqué aux personnes qui, ne trouvant pas un ouvrage de cette spécialité à la Bibliothèque du Palais, pourront savoir s'il existe ou non à celle du Lycée ;

17° Faire faire par le Comité la répartition entre les deux Bibliothèques des ouvrages envoyés par l'État sous la rubrique : *Pour la Bibliothèque de la Ville ;* en conséquence, les envois devraient être faits dorénavant *au Comité des Bibliothèques publiques de Lyon ;*

18° Faire rétablir l'inscription : *Bibliothèque Adamoli* et placer à l'intérieur le portrait de ce bienfaiteur, conformément à l'art. 4 de la délibération de l'Académie du 11 janvier et à l'art. 5 de l'arrêté du Maire du 12 février 1831 ;

19° Faire transporter les livres d'art doubles, en même temps, à la Bibliothèque du Lycée et à celle du Palais des Arts dans la Bibliothèque de l'École des Beaux-Arts ;

20° Faire transporter à la Bibliothèque du Palais des Arts 162 partitions anciennes qui se trouvent dans la Bibliothèque du Grand-Théâtre, où elles ne peuvent être consultées et où elles n'ont aucune utilité.

*Ce Rapport sur la Bibliothèque du Palais-des-Arts serait incomplet si
l'on n'y ajoutait celui qu'a dressé* M. LE DOCTEUR SAINT-LAGER *pour
les Bibliothèques de l'Académie des sciences, belles-lettres et arts, et de la
Société de Médecine. Notre honorable collègue du Comité nous pardonnera,
sans doute, de lui avoir fait cet emprunt.*

La Bibliothèque de l'Académie des sciences, belles-lettres et arts de Lyon, est
une des plus importantes parmi les Bibliothèques de Sociétés savantes de
France, l'Institut excepté.

Son histoire est inséparable de celle de la Bibliothèque municipale du Palais-
des-Arts à laquelle elle est annexée.

Peu considérable au début, elle reçut un notable accroissement lorsque Adamoli, mort le 3 juin 1769, eut légué à l'Académie les 6,330 volumes dont se composait sa Bibliothèque et divers objets d'art (1).

Jusqu'à l'année 1764, Adamoli avait dépensé, pour l'accroissement de sa
Bibliothèque, 51,787 livres, somme considérable pour l'époque, et dont la justifi-
cation serait actuellement fort embarrassante, puisqu'un grand nombre d'ouvrages ont disparu, ainsi que l'atteste Monfalcon dans le rapport qui accompagne
le catalogue imprimé de la Bibliothèque du Palais-des-Arts. On assure même
que plusieurs de ces livres auraient fait apparition dans les ventes publiques (2).

---

(1) La nomenclature de ces objets d'art a été donnée par Dumas dans son *Histoire de l'Académie de Lyon*. 2 vol. in-8°. 1840. Lyon.

(2) Ces pertes auraient été évitées si on avait toujours eu soin d'inscrire les livres
prêtés sur un registre spécial. Quiconque a quelque expérience en cette matière
sait très-bien que, sans l'observation rigoureuse de cette condition, il n'est pas possible de conserver intacte une collection de livres. Il importe donc que les membres
de l'Académie se soumettent les premiers à cette mesure conservatrice, se persua-
dant bien qu'elle est la seule sauvegarde contre leurs oublis. Que de fois n'est-il
pas arrivé, par exemple, que des livres empruntés lors de leur première apparition

Cette Bibliothèque, d'abord placée à l'Hôtel-de-Ville, fut transférée pendant la Révolution à la grande Bibliothèque de la Ville au Lycée (1), puis réunie en 1825 aux autres livres de l'Académie et du Conservatoire des Arts dans le local qu'elle occupe encore actuellement au Palais-des-Arts.

Rappelons ici que déjà de Valernod, Christin (31 août 1750), et Canac de St-Léger (1785) avaient légué à l'Académie leurs livres et des sommes d'argent pour accroître la Bibliothèque.

En 1838, Artaud, conservateur du Musée de Lyon, légua à l'Académie divers objets d'arts et sa Bibliothèque composée de 589 ouvrages en 884 volumes. Parmi les livres donnés par Artaud, il s'en trouve quelques-uns fort rares et très-curieux sur l'Art, l'Histoire et l'Archéologie lyonnaise.

En exécution des volontés testamentaires des donateurs, les Bibliothèques Adamoli et Artaud ont été placées dans des armoires spéciales. Il est fort à désirer que pareille condition ne soit plus exigée à l'avenir, car l'encombrement des locaux est tel qu'elle ne pourrait plus être remplie.

A ce premier fonds dont la provenance vient d'être indiquée sont venus s'ajouter un grand nombre d'ouvrages donnés, soit par leurs auteurs, soit par les ministères de l'Instruction publique, des Beaux-Arts, de l'Agriculture et du Commerce. Parmi ces derniers on remarque surtout les volumineuses collections des documents inédits sur l'histoire de France et des brevets d'invention.

Ces apports successifs ont été répartis dans les armoires de la Bibliothèque du Palais-des-Arts, et mélangés sans distinction avec les livres qui appartiennent à la Ville. Cette promiscuité, imposée par l'exiguité des locaux, n'a jamais excité aucune réclamation de la part de l'Académie, et d'ailleurs tourne à l'avantage du public. Au surplus, il importe de ne jamais oublier que si la Ville fournit gratui-

---

à une des séances de l'Académie n'ont jamais été rendus ; plusieurs d'entre eux ne pourront jamais être remplacés même à prix d'argent. Il ne faut pas perdre de vue que les recueils en général, et notamment les collections de publications de Sociétés savantes perdent une grande partie de leur valeur par la disparition d'un seul volume.

(1) Les couvents ayant été supprimés, leurs bibliothèques, dont la plus belle et la plus nombreuse était celle des *Augustins*, furent transportées dans le monastère des Dames de Saint-Pierre. *Un peu plus tard, celle de l'Académie, qui se composait en majeure partie de la magnifique collection que lui avait légué M. Pierre Adamoli,* fut déposée avec un peu plus de soins dans *une pièce isolée du même monastère.*

Après la chute de Robespierre, M. Tabard qui, en *1790*, avait été chargé par le *gouvernement* de la direction de tous les dépôts scientifiques et des opérations bibliographiques relatives aux maisons religieuses supprimées, ayant été nommé bibliothécaire de l'École Centrale, devint en même temps conservateur de la Bibliothèque de la ville, etc..... *Il plaça* dans la salle Villeroy tous les livres qui appartenaient *à l'Académie,* et il fit mettre le portrait de M. Adamoli au fond de cette salle.....

En 1803, M. Delandine qui avait été plusieurs années conservateur de la Bibliothèque *de l'Académie,* mit un ordre provisoire dans la Bibliothèque, *dissémina* ceux *de la Bibliothèque de l'Académie* et les plaça sur des tablettes suivant leur classe..... (Note de M. Péricaud sur la bibliothèque Adamoli.)

tement un local pour recevoir les Bibliothèques des Sociétés savantes, indépendamment des subventions pécuniaires qu'elle accorde à celles-ci, en retour elle a droit d'exiger que les susdites Bibliothèques soient mises à la disposition du public, sans autre restriction que celles qui sont déterminées par les règlements. Il est bien entendu d'ailleurs que le droit de propriété reste intact et hors de contestation.

Ce droit de propriété est constaté de plusieurs manières : 1° par la marque du sceau de l'Académie apposée, suivant l'usage, sur le titre de chaque volume ; 2° par l'étiquette collée au dos ; 3° enfin par la mention *Acad.* insérée dans les catalogues généraux, en marge et en regard du nom d'auteur et du titre de l'ouvrage, au-dessous du numéro d'ordre.

Outre les catalogues qui donnent l'énumération de tous les livres renfermés dans les armoires de la Bibliothèque du Palais-des-Arts, quelle que soit leur provenance, il existe encore un catalogue spécial en trois volumes de tous les manuscrits et livres appartenant à l'Académie. Le 1er volume, fait avec beaucoup de soin par M. de Valous, bibliothécaire-adjoint, comprend la nomenclature, par ordre de matière, des manuscrits. A la fin du volume, on a ajouté une table des noms d'auteurs par ordre alphabétique (1).

Le 2e volume, le plus volumineux, comprend l'énumération, par ordre alphabétique de noms d'auteurs, de tous les ouvrages imprimés qui ne rentrent pas dans la catégorie des publications de Sociétés savantes. On s'est servi d'un des exemplaires du catalogue imprimé dont il a été parlé plus haut, et on n'a mis de numéro d'ordre qu'aux livres appartenant à l'Académie. Sur des feuilles intercalées on a ajouté, *scribente manu*, tous les ouvrages reçus depuis l'impression du catalogue. Enfin le 3e volume, rédigé en double exemplaire par M. le Dr Saint-Lager, comprend l'énumération, par tomes et par année, de toutes les publications envoyées par les Sociétés savantes avec lesquelles l'Académie est en relation d'échange.

L'importance de ce dernier fonds n'est pas appréciée généralement comme elle mérite de l'être. Seules, les personnes qui ont des notions exactes sur la bibliographie ou qui ont eu occasion de faire des recherches sur les questions d'histoire, d'archéologie, de physique, de chimie et d'histoire naturelle savent très-bien que bon nombre de mémoires des plus importants sur ces diverses matières ont été publiés exclusivement dans les recueils académiques. Il est à remarquer que ce mode de publication est de plus en plus employé, ce qui tient sans doute au développement toujours croissant des associations scientifiques.

Il importe d'ajouter aussi que s'il est loisible à quelques riches particuliers de se procurer le luxe d'une Bibliothèque contenant, suivant les goûts de chacun, tantôt des ouvrages rares, tantôt une multitude de traités spéciaux sur divers sujets, il est certain qu'on ne voit jamais ces mêmes particuliers, si fortunés qu'ils soient, prendre la peine de réunir les nombreuses collections de mémoires

---

(1) Il a déjà été question de ce volume à l'article : Catalogues de la Bibliothèque du Palais-des-Arts.

académiques publiés en France et à l'étranger, tant on est persuadé que le soin de rassembler les précieux matériaux d'études que renferment ces collections incombe aux administrateurs des Bibliothèques publiques.

Sous ce rapport, la grande Bibliothèque de la Ville et celle du Palais-des-Arts sont, parmi tous les établissements semblables et à part ceux de la capitale, les mieux pourvus, grâce aux nombreuses et anciennes relations que la Société d'agriculture et d'histoire naturelle, et l'Académie des sciences, belles-lettres de Lyon, ont su créer et entretenir avec les Sociétés savantes des Deux-Mondes.

Il serait trop long de faire même la simple énumération des 180 associations littéraires, historiques et scientifiques avec lesquelles l'Académie de Lyon est en correspondance. Il suffira de dire que, parmi les 5,789 volumes de publications académiques qu'elle a reçus jusqu'au 1er janvier 1878, figurent au premier rang les mémoires et comptes-rendus de toutes les grandes Académies, notamment de celles de Vienne, Munich, Berlin, Gottingen, St-Pétersbourg, Stockholm, Copenhague, Amsterdam, Haarlem, Bruxelles, Londres, Edimbourg, Dublin, Turin, Milan, Paris, etc., pour ne citer que les plus anciennes et les plus célèbres.

Cette partie de la Bibliothèque de l'Académie est actuellement placée dans deux salles qui déjà ne suffisent plus à contenir toutes les richesses qui y sont, faute de place, serrées, entassées et empilées. Il faut cependant qu'on sache que les recueils académiques, dont le nombre s'accroît chaque année, ont besoin d'un espace beaucoup plus grand que les autres livres.

Après cette esquisse générale, il ne reste plus qu'à donner quelques détails sur la composition de la Bibliothèque de l'Académie de Lyon.

Elle peut être divisée de la manière suivante :

	Volumes.
1° 4,489 ouvrages sur les diverses branches de la littérature, des sciences et des arts.	7,211
2° Brochures non encore classées.	1,000
3° Publications des Sociétés savantes.	5,789
4° Manuscrits.	300
Total des volumes.	14,300

Les 4,489 ouvrages de la première catégorie se répartissent suivant les spécialités ci-dessous indiquées :

	Nombre d'ouvrages.
Physique, chimie.	90
Mathématiques, Astronomie, Mécanique, Art des constructions.	298
Arts industriels.	50
Histoire naturelle.	465
Médecine	355
Littérature, Linguistique.	610
Histoire de la littérature et des sciences, Biographie.	235
Histoire, Géographie, Voyages, Archéologie, Numismatique.	1,710
Théologie.	222
A reporter.	4,035

	Nombre d'ouvrages.
Report.	4,035
Sciences occultes.	35
Philosophie, Morale, Pédagogie.	82
Politique	62
Economie politique	45
Jurisprudence.	80
Beaux-Arts	150
Total des ouvrages	4,489

*Etat général des publications envoyées à l'Académie
par les Sociétés savantes.*

		Volumes
92 Sociétés françaises		2,496
10 —	autrichiennes	364
20 —	allemandes.	519
3 —	bavaroises.	125
6 —	anglaises.	365
5 —	belges	108
1 —	danoise	45
3 —	hollandaises.	221
10 —	italiennes	362
7 —	russes	300
5 —	suédoises et norvégiennes.	310
8 —	helvétiques	285
10 —	américaines	289
180 —	Total des volumes	5,789

Les 300 volumes de manuscrits se subdivisent ainsi qu'il suit :

1° Manuscrits anciens dont plusieurs sont des chefs-d'œuvre fort appréciés des connaisseurs ;

2° Mémoires sur diverses questions d'histoire, de littérature, de science par des savants étrangers à l'Académie ;

3° Mémoires des Académiciens de Lyon : la liste détaillée en a été donnée par Dumas (1) ;

4° Eloges historiques des savants lyonnais et des associés de l'Académie, en 2 vol. in-folio ;

---

(1) Histoire de l'Académie de Lyon, t. II, p. 602-636.

Voir aussi l'ouvrage de Delandine intitulé : *Manuscrits de la Ville de Lyon*, 3 vol. in-8°, 1812, Lyon, dans lequel sont énumérés tous les manuscrits des Bibliothèques de Lyon.

5° Journal de l'Académie, de 1714-1758 ;

Registres de la Société des Beaux-Arts et de l'Académie de Lyon de 1740-1756, en 25 vol. in-folio ;

Règlements, délibérations, discours de réception à l'Académie, réponses, éloges, discours d'ouverture, pièces diverses, 5 vol. in-folio ;

Correspondance académique, 1736-92, 1800-1857, 14 vol. in-4° ;

Procès-verbaux des séances de l'Académie de 1800-1876, 17 vol. in-4°.

On remarque aussi, dans les collections de l'Académie, un médailler en bois couvert en maroquin rouge et doré, ayant dans la partie inférieure douze planchettes et cinq dans la partie supérieure, contenant deux cent soixante-quinze médailles en bronze du règne de Louis XIV, dont une du règne de Louis XIII ; la clef manque (Voir le sixième état des objets et livres appartenant à la collection Adamoli, rendus à l'Académie le 27 août 1827, aux archives du département du Rhône. Série T, non inventoriée).

Pour terminer l'inventaire des collections de livres de la Bibliothèque du Palais-des-Arts, il nous reste à parler du fonds qui appartient à la Société de Médecine de Lyon.

Ce fonds se compose de 2,000 volumes donnés par plusieurs médecins de notre ville à ladite Société. Il est placé dans une des deux salles où on a aussi déposé la partie de la Bibliothèque de l'Académie qui comprend les publications des Sociétés savantes correspondantes.

Sauf un très-petit nombre, la plupart des ouvrages sont déjà anciens et n'ont actuellement qu'une valeur historique ; car, quoi qu'en disent certains détracteurs de la Médecine, c'est surtout dans cette science que les livres vieillissent vite.

Le jugement porté autrefois par Monfalcon dans son rapport sur la Bibliothèque du Palais-des-Arts est encore vrai aujourd'hui, au moins en ce qui concerne la collection appartenant à la Société de médecine.

Voici ce qu'il dit : « Ce ne sont pas, à proprement parler, des bibliothèques, « que les collections infiniment minimes des livres des Sociétés d'agriculture, de « médecine et linnéenne. Propriétaires de quelques centaines de volumes au plus, « les Sociétés savantes n'avaient guère le droit de se faire représenter par un « délégué dans un Comité administratif.

Cet état de choses, comme on l'a vu, a singulièrement changé en ce qui regarde la Bibliothèque de la Société d'agriculture, laquelle, actuellement, peut offrir au public une des plus considérables collections de publications académiques qui existent en France. Mais, à peu de chose près, la situation est restée la même pour la Bibliothèque de la Société de médecine.

On ne comprend pas bien pourquoi cette Société, dont l'origine est déjà ancienne (elle remonte à 1789), qui a compté dans son sein bon nombre d'hommes très-distingués, plusieurs même devenus célèbres par leurs écrits, n'a jamais pu ou voulu former une Bibliothèque digne d'elle. Depuis l'année 1851, la Société a publié régulièrement chaque année un volume d'Annales ; n'aurait-elle pas dû au moins recevoir en échange les publications des autres Sociétés médicales et les divers recueils concernant la Médecine ?

Tous les livres appartenant à la Société de médecine sont inscrits au catalogue général de la Bibliothèque du Palais-des-Arts avec un numéro d'ordre au-dessous duquel on a placé la mention abrégée S. M., qui sert à établir le droit de propriété.

La Société de médecine n'a jamais jugé à propos de faire dresser un catalogue spécial de ses livres.

État général des collections de la Bibliothèque du Palais-des-Arts

	Imprimés	Manuscrits	Estampes	Dessins
VILLE DE LYON.	49,600	48	21,367	659
ACADÉMIE DES SCIENCES, BEL-LES-LETTRES ET ARTS . . .	14,000	300		
SOCIÉTÉ DE MÉDECINE.	2,000			
Total. . .	65,600	348	21,367	659

Lyon. — Impr. P. Mougin-Rusand, rue Stella, 3.

OUVRAGES DU MÊME AUTEUR

ÉTUDES HISTORIQUES

Recherches sur l'abbaye d'Abondance en Chablais. Lyon, L. Perrin, 1863.

Lettres et documents pour servir à l'Histoire du XVIe siècle et à celle de Eustache Chapuys, ambassadeur de Charles-Quint. Annecy, A. Perrissin et Cie, 1875.

La médaille et les jetons de la Chambre de commerce de Lyon. Lyon, E. Dessolins, 1878.

La maison forte de Monbaly, à Vaulx et Milieu. Vienne, Savigné, 1878.

ETUDES SUR LES BEAUX-ARTS

Lettres sur l'architecture au xixe siècle. Annecy, Thisio, 1864.

De l'Enseignement des beaux-arts au point de vue de leur application à l'industrie lyonnaise. Lyon, Vingtrinier, 1870.

Compte-rendu des travaux de la Société académique d'architecture de Lyon, pendant les années 1869 et 1870, 1873 et 1874. Lyon, Alf.-L. Perrin et Marinet, 1871 et 1875.

Recherches sur la vie et les ouvrages de quelques artistes. Lyon, Vingtrinier, 1876.

BIOGRAPHIES D'ARCHITECTES

Jehan Perréal, Clément Trie et Edouard Grand. Lyon, Alf.-L. Perrin et Marinet, 1874.

Sébastien Serlio, 1475-1554. Lyon, L. Perrin, 1869.

Etienne Martellange, 1569-1641. Lyon Vingtrinier, 1874.

Les de Royers de la Valfenière. Lyon, Vingtrinier, 1870.

René Dardel, 1796-1871, Lyon, Alf.-L. Perrin et Marinet, 1873.